Italian STREET FOOD

PABLO MACIAS

Italian STREET FOOD

PANINI, PASTA, SALATE, DESSERTS

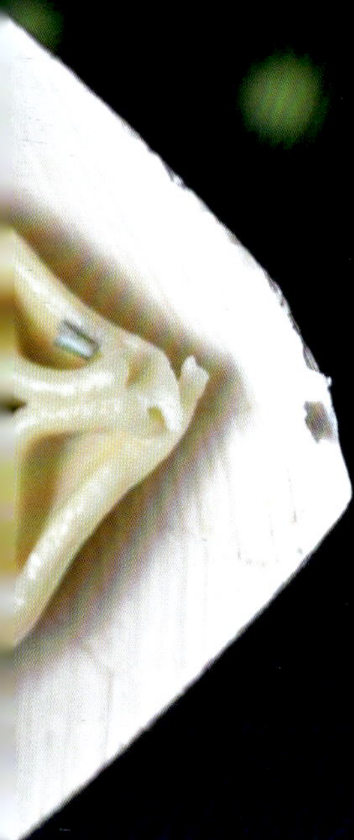

FOTOS: CETTINA VICENZINO

EMF

EIN BUCH DER
EDITION MICHAEL FISCHER

Inhalt

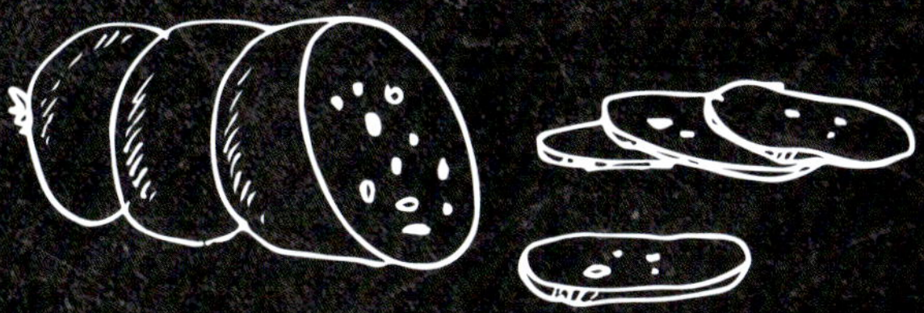

Vorwort

Als ich beschloss, meine Karriere als Opernsänger zu starten, wusste ich, dass Italien eine bedeutende Erfahrung sein würde. Doch wie stark es mich geprägt hat, konnte ich nicht ahnen. Gleich von Anfang an hat mich dieses Land fasziniert und in den Bann gezogen. Denn es war nicht nur die Musik, es waren auch die Städte und Dörfer mit ihrer beeindruckenden Geschichte. Menschen, so voller Lebensfreude und vor allem mit einem ausgeprägten Sinn für das gute Essen.

Es war immer aufregend, sich nach den harten musikalischen Proben dem kulinarischen Genuss hinzugeben. Denn an Vielseitigkeit fehlte es nicht: So war es an einem Tag am Straßenstand ein herrlich gegrilltes Panino, am darauffolgenden Tag Pasta alla Nonna in einer kleinen Trattoria, die versteckt in einer verträumten Seitenstraße lag.

Unsere neuen, ausschweifenden Essgewohnheiten blieben auch vom Regisseur der damaligen Opernproduktion nicht unentdeckt. So kam es bei meinem lieben Kollegen und Gourmet-Freund, einem Bariton, zu etwas Unvermeidlichem: Als er sich bei der Generalprobe leidenschaftlich über eine Gesangspartnerin beugte, um ihr hochzuhelfen, spannte sich sein maßgeschneidertes Kostüm derart, dass die Knöpfe bis zum Orchestergraben flogen. Von da an war uns bewusst, dass es nun zu viel des Guten war.

Dank der zahlreichen Engagements und Meisterkurse hatte ich das Glück, durch die verschiedenen Regionen des Landes reisen zu können. Dabei stellte ich fest, dass die Menschen sich sehr stark mit ihren Regionen identifizieren – was sich auch in ihrer Küche widerspiegelt. So bestehen die Einheimischen zum Beispiel oft darauf, dass nur in ihrem Heimatort ein bestimmtes Gericht auf die einzig richtige Art zubereitet wird. In keiner anderen Region der Welt redet man so gerne und so viel über das Essen. Woher der beste Käse kommt, das würzigste Olivenöl oder die schmackhafteste Pasta – diese Themen dürfen bei keinem Gespräch fehlen.

Wunderbar sind auch die bunten Wochenmärkte und Volksfeste, die regelmäßig in den Vorstädten und Dörfern stattfinden. Hier trifft man auf die ursprünglichste und somit auch authentischste Form der „Straßenküche".

So gibt es in Verona rund um die Opern-Arena eine Vielzahl von Ständen und Wägen, die das hungrige Opernpublikum verköstigt. Diese Stände blicken auf eine jahrzehntelange Tradition zurück, ohne dabei die Rezeptur der Speisen verändert zu haben. So gibt es einige Verkäufer, die sich sogar noch an die Auftritte der berühmten Maria Callas erinnern oder Anekdoten von den Auftritten Pavarottis erzählen können.

Pablo Panini
www.pablopanini.de

Vecchio Amaro
del Capo

Pablo Panini
Panini & Gourmet Sandwiches
vespa

STREET FOOD
Pablo Panini
Panini & Gourmet Sandwiches
www.pablopanini.de

ITALIENISCHE ESSKULTUR AUF DIE HAND

Wir haben einen neuen Namen für diesen Trend entwickelt: „Streetfood". Doch diese schnelle, unkomplizierte Essgewohnheit hat in den Straßen Italiens schon lange Tradition, ohne dass es überhaupt einen Begriff dafür gab. An einem originellen Standort eine gute und günstige Speise auf die Hand zu bekommen und sich dabei mit Freunden, Familie oder Kollegen zu treffen, das ist das Gefühl von italienischem „Straßenessen".

Anders als im Rest Europas ist „Streetfood" in Italien schon lange Teil der Esskultur. Was in anderen europäischen Städten erst durch den Trend der Foodmärkte und rollenden Essenswägen aufkam, gibt es in den kleinen Dörfern und Großstädten Italiens schon seit langer Zeit. Traditionell werden auf den Märkten und Volksfesten, am Strand und in den Gassen der kleinen Städtchen frisch, schnell und preiswert zubereitete Speisen angeboten, die sich regional und saisonal stark unterscheiden.

Meiner Meinung nach hat die internationele Streetfood-Bewegung der traditionellen italienischen Küche aber noch einen kreativen Impuls gegeben – und macht die Speisen so zu einem ganz neuen und besonderen Erlebnis. Viele traditionelle Gerichte entstanden daraus, dass ein Mangel an Möglichkeiten herrschte. Vor allem die weniger betuchte Landbevölkerung konnte sich kaum Alternativen für Gerichte aus vielen Zutaten leisten. Aus dieser Not heraus sind eine Reihe von Klassikern und traditionellen Gerichten entstanden.

Da heutzutage auch außerhalb von Saison und Region viele Zutaten verfügbar sind, bereichert dies die italienische Streetfood-Szene mit neuen Kreationen.

Warum ich Streetfood so liebe? Weil sich die Anbieter meist auf wenige Spezialitäten beschränken, diese immer frisch zubereitet werden und von Stand zu Stand sehr unterschiedlich sind. Aufgrund der beschränkten Auswahl der Speisen ist auch die Perfektion, mit der die Gerichte zubereitet werden, nicht zu übertreffen. Einer der wichtigsten Faktoren bei Streetfood generell ist die perfekte Vorbereitung. Die Kunst besteht ja fast immer darin, auf sehr begrenztem Platz mit wenig Personal – oder sogar in Alleinregie – in kürzester Zeit möglichst viele Mahlzeiten herzustellen. Dies erfordert Erfahrung, Disziplin und einen kühlen Kopf.

Während man aus anderen europäischen Metropolen schicke Streetfood-Wägen aus poliertem Metall mit tollem Design gewohnt ist, findet man in Italien an den meisten Orten traditionelle mobile oder feststehende Verkaufsstände, bei denen die Hauptsache der schnelle kulinarische Genuss ist. Wie viele Straßenköche habe ich getroffen, die das Streetfood in ihrer reinsten Form praktizieren, aber den Namen „Streetfood" vorher noch nie gehört haben. Lassen Sie sich auf den folgenden Seiten von meinen Erlebnissen und Begegnungen inspirieren!

Das besondere Lebensgefühl beginnt in Italien schon beim einfachen belegten Brot. Denn nicht nur die Brotsorten variieren, auch bei den Belagen würden die Italiener wohl jeden Kombinationswettbewerb gewinnen. Wer will, kann das Brot auch gern selbst backen, so wie ich das für mein Streetfood täglich mache (siehe Seite 165). Und dann geht es los mit dem Belegen, Rösten und Stapeln. Während Panini, Ciabatta und Focaccia meist die Füllung zwischen zwei Lagen Brot bergen, trägt die Bruschetta ihr Topping auf einer einzelnen gerösteten Brotscheibe.

GUT ZU WISSEN

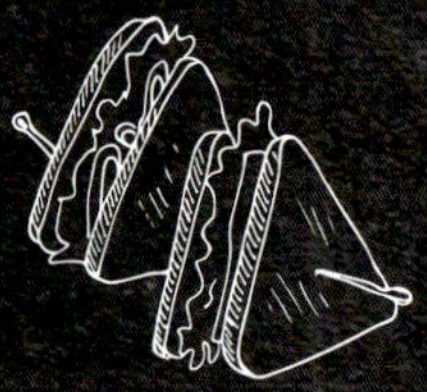

Tramezzini

Eine Besonderheit stellen die Tramezzini – belegte Scheiben aus weichem Weißbrot – dar. Sie haben zwar in Turin ihren Ursprung. Aufgrund der unkomplizierten Zubereitungsweise und ihres erfrischenden Geschmacks haben sie sich mittlerweile aber in ganz Italien verbreitet. Da das Brot meist sehr fein ist, serviert man sie in der Regel ungetoastet. Tramezzini gibt es als kleinen Snack an Ständen, in Bars und Raststätten zu kaufen, sie werden aber auch als Antipasti in Restaurants angeboten.

1

PANINI Bruschette TRAMEZZINI

PRODOTTI TIPICI
Zaetto Veneziano
€ 3.00
SPECIALITÀ

WARENKUNDE BROT

Wenn Sie das Brot für Ihre Panini selbst backen möchten, finden Sie verschiedene Rezepte: Oliven-Kräuter-Focaccia (siehe Seite 161), süße Trauben-Rosmarin-Focaccia (siehe Seite 163), Fladenbrot mit Rosmarin (siehe Seite 164) sowie italienisches Bauernbrot (siehe Seite 165).

Die Italiener lieben Brot. Denn dieses ist in den meisten Fällen der perfekte Partner zu den aromatischen Antipasti und herzhaften Pastasoßen sowie zu dem umfangreichen Käsesortiment, das das Land zu bieten hat. Viele der heute im italienischen Handel anzutreffenden Brotsorten gehen auf die Geschichte der Römer zurück, denn diese waren nach den Griechen die großen Backkünstler der Antike.

Wie bei allen Gerichten und Lebensmitteln sind auch beim Brot und Gebäck die regionalen Unterschiede sehr groß. Die wohl bekanntesten Brotsorten sind die Ciabatta, das typische italienische Fladenbrot, das Pane, komplett ohne Salz hergestellt, und schließlich die Focaccia, welche aus Ligurien stammt und der Vorläufer der heutigen Pizza ist. Aus Turin stammt der toastbrotähnliche Tramezzino, der sich sehr gut für Sandwichs eignet.

Länger haltbar und unkompliziert in der Herstellung sind Grissini oder Fagolosi. Diese aus Hefeteig hergestellten, knusprigen Brotstangen stammen ursprünglich aus dem Piemont und können beliebig mit Gewürzen und Kräuter gebacken werden.

FEIGEN

Die in Italien bis in den späten Herbst geernteten Feigen werden traditionell auf Märkten und auch bei uns im Handel angeboten. Prüfen Sie beim Kauf den Reifegrad der Früchte durch einen leichten Druck. Die Feigen sollten keinesfalls matschig sein, sondern sanft nachgeben. Der typische weiße Schleier auf der Schale ist auskristallisierter Fruchtzucker und bei vollreifen Früchten normal. Dunklere Stellen auf der Schale deuten jedoch darauf hin, dass das Obst bereits überreif ist.

Feigen Ziegenkäse Focaccia

4 PERSONEN

Frische Feigen und würziger Käse – ein perfektes Paar. Zur Hauptsaison zwischen August und Oktober sind die frisch geernteten Feigen besonders saftig, bereichern die traditionelle Küche und inspirieren zu immer neuen Kreationen.

ZUTATEN

4 Stücke Focaccia (à 10 x 15 cm)
8 Scheiben Ziegenrolle (à 50 g)
4 reife Feigen
2 EL französische Kräuter
1 Bund Rucola
4 Zweige Zitronenthymian
Salz
schwarzer Pfeffer, frisch gemahlen
4 EL getrocknete Röstzwiebeln
Crema Balsamico (Rezept siehe Seite 159)
4 EL würziges Olivenöl
getrocknete Wildblumen

ZUBEREITUNG

Die Focaccia-Stücke jeweils quer halbieren. Auf die Unterseite jeweils 2 Scheiben Ziegenrolle legen. Bei den reifen Feigen den Stängel entfernen, die Feigen in 1 cm dicke Scheiben schneiden und ebenfalls auf den Focaccia-Unterseiten verteilen. Die Kräuter gleichmäßig darüberstreuen.

Den Rucola putzen, waschen und trocken tupfen. Den Thymian waschen, trocken tupfen und die Blätter abzupfen. Die Focaccia-Unterseiten mit 1 kleinen Prise Salz, Pfeffer und gerösteten Zwiebeln bestreuen und einige Spritzer Crema Balsamico darübergeben.

Den Rucola auf den Focacce verteilen, die Oberseiten darauflegen und fest andrücken. Das Olivenöl über die Oberseiten der Brote träufeln und mit den getrockneten Blüten bestreuen.

Die Brote anschließend in einer vorgeheizten Grillpfanne oder im Sandwicheisen bei mittlerer Hitze goldbraun rösten. (Falls Sie eine Grillpfanne benutzen, die Brote darin mit einer zweiten Pfanne beschweren und nach 1–2 Minuten einmal wenden.) Die Oberseite der Brote mit Olivenöl beträufeln und mit den Wildblumen bestreuen.

Pecorino in Kombination mit Paprika ist ein Klassiker. Umso genialer kommt die Mischung auf einem gegrillten Sandwich daher. Abgerundet mit dem Aroma von frischer Petersilie und etwas Balsamico, bleiben dabei keine Wünsche mehr offen. Dieses gegrillte Sandwich schmeckt auch kalt vorzüglich. Übrige marinierte Paprika können Sie gekühlt bis zu 10 Tage aufbewahren – sie gewinnen sogar an Aroma.

PECORINO Paprika PANINI

4 PERSONEN

ZUTATEN

4 Spitzpaprikaschoten
1 Knoblauchzehe
1 EL italienische Kräuter (siehe Seite 75)
Salz
schwarzer Pfeffer, frisch gemahlen
5 EL würziges Olivenöl
8 Scheiben weißes Bauernbrot (ca. 1 cm dick)
150 g Frischkäse
1 TL Chiliflocken
200 g Pecorino, gehobelt
1 kleines Bund glatte Petersilie, gehackt
1 EL Sesamsamen
Crema Balsamico (Rezept siehe Seite 159)

ZUBEREITUNG

Den Backofen auf 240 °C (Oberhitze; falls möglich, Grillfunktion) vorheizen. Ein Backblech mit Backpapier auslegen. Die Paprika längs vierteln, entkernen und waschen. Die Viertel auf dem Backblech verteilen und im Ofen auf der obersten Schiene etwa 20 Minuten grillen. Die Paprika ist fertig, wenn die Haut Blasen wirft und dunkelbraun ist.

Inzwischen die Knoblauchzehe schälen und fein hacken. Die Paprika aus dem Ofen nehmen, noch heiß in eine Gefriertüte packen und darin abkühlen lassen. Anschließend die Paprikaviertel häuten, in einen tiefen Teller oder eine Auflaufform geben und mit Kräutern, Knoblauch, Salz und Pfeffer bestreuen. Mit 4 EL Olivenöl bedecken und einige Stunden bei Zimmertemperatur ziehen lassen.

Die 4 größten Brotscheiben nebeneinander auf die Arbeitsfläche legen, mit Frischkäse bestreichen und die Paprika darauf verteilen. Mit etwas Chiliflocken würzen und mit Pecorinospänen und Petersilie bestreuen. Die Panini mit einer passenden Brotscheibe bedecken, mit dem übrigen Olivenöl beträufeln und mit Sesam bestreuen.

Die Panini im heißen Kontaktgrill (bei 220 °C) oder in einer Pfanne goldbraun und knusprig braten, dabei einmal wenden. Vor dem Servieren, die Panini vorsichtig öffnen und einige Spritzer Balsamico hineingeben.

Bel paese – „schönes Land“ – ist nicht nur der poetische Name für Italien, dahinter verbirgt sich auch eine Käsemarke: ein milder, halbfester Käse aus der Lombardei. Falls Sie ihn nicht bekommen, können Sie stattdessen auch Mozzarella verwenden. «

PANINI CARCIOFI Prosciutto

4 PERSONEN

ZUTATEN

4 Artischockenherzen, (in Öl eingelegt)
Salz
schwarzer Pfeffer, frisch gemahlen
1 Bund Rucola
4 Zweige Rosmarin
8 Scheiben weißes Bauernbrot (ca. 1 cm dick, alternativ 4 kleine Fladenbrote)
4 EL Basilikum-Pesto
200 g Bel Paese, in Scheiben
250 g Prosciutto, in Scheiben

ZUBEREITUNG

Die Artischockenherzen abtropfen lassen und in eine Schüssel geben. Die Blätter grob auseinanderzupfen und mit etwas Salz und Pfeffer würzen. Den Rucola waschen und trocken tupfen, die groben Stiele entfernen. Den Rosmarin waschen und trocken tupfen.

Die 4 größten Brotscheiben nebeneinander auf die Arbeitsfläche legen und mit dem Pesto bestreichen. Darauf den Käse verteilen und den Prosciutto darüberlegen. Einige Rucolablätter darüberstreuen und die Artischockenblätter daraufgeben. Die Panini mit einer passenden Brotscheibe bedecken, mit dem Olivenöl beträufeln und mit 1 kleinen Rosmarinzweig garnieren.

Die Panini im heißen Kontaktgrill (bei 220 °C) oder in einer Pfanne goldbraun und knusprig braten, dabei einmal wenden. Vor dem Servieren, die Panini vorsichtig öffnen und einige Spritzer Balsamico hineingeben.

Panini

BÜFFELMOZZARELLA TOMATEN & BASILIKUM

4 PERSONEN

Das Büffelmozzarella-Panino aus den Straßen von Neapel! Aus Büffelmilch entsteht in Kampanien die ursprüngliche Art des Mozzarella, die heute aber auch in anderen Regionen Süditaliens zu finden ist. Frischer Mozzarella weist eine feste Konsistenz auf – je länger er reift, desto weicher wird er. Die Italiener bevorzugen lang gereifte, würzige Mozzarellasorten, die Deutschen dagegen eher feste und milde.

ZUTATEN

500 g Büffelmozzarella
2 große, reife Fleischtomaten
1 Bund Basilikum
4 Zweige Thymian
8 Scheiben weißes Bauernbrot (ca. 1 cm dick)
1 EL italienische Kräuter (siehe Seite 75)
Salz
schwarzer Pfeffer, frisch gemahlen
2 EL würziges Olivenöl
Crema Balsamico (Rezept siehe Seite 159)

ZUBEREITUNG

Den Büffelmozzarella abtropfen lassen und in 1 cm dicke Scheiben schneiden. Die Tomaten waschen und ebenfalls in Scheiben schneiden, dabei die Stielansätze entfernen. Das Basilikum waschen, trocken tupfen und die Blätter abzupfen. Den Thymian waschen und trocken tupfen.

Die 4 größten Brotscheiben nebeneinander auf die Arbeitsfläche legen, mit Mozzarella und Tomaten belegen und mit Kräutern, etwas Salz und Pfeffer würzen. Die Basilikumblätter darüber verteilen und jedes Panino mit einer passenden Brotscheibe bedecken. Die oberen Brotscheiben mit etwas Olivenöl beträufeln und mit 1 Thymianzweig garnieren.

Die Panini im heißen Kontaktgrill (bei 220 °C) oder in einer Pfanne unter Wenden goldbraun und knusprig braten, bis der Mozzarella schön schmilzt. Vor dem Servieren das Panino vorsichtig öffnen und einige Spritzer Balsamico hineingeben.

TALEGGIO Champignon PANINI

4 PERSONEN

Dieses Rezept verspricht echten Gourmet-Genuss. Der Taleggio zählt zu den ältesten Weichkäsesorten der Welt und wurde schon vor knapp 800 Jahren in fast gleicher Machart wie heute hergestellt. Die getrüffelten würzigen Champignons harmonieren aufs Beste mit den Aromen des nussigen Weichkäses, der im Grill wunderbar schmilzt.

ZUTATEN

- 250 g Champignons
- 1 Knoblauchzehe
- 1 EL würziges Olivenöl
- ½ TL Chiliflocken
- Salz
- schwarzer Pfeffer, frisch gemahlen
- 3 EL Trüffelöl
- 1 TL italienische Kräuter (siehe Seite 75)
- 250 g Taleggio
- 8 Scheiben weißes Bauernbrot (ca. 1 cm dick; alternativ 4 kleine Fladenbrote)
- 1 EL gehackte Petersilie
- 1 EL helle Sesamsamen

ZUBEREITUNG

Die Champignons putzen und in dünne Scheiben schneiden. Die Knoblauchzehe schälen und fein hacken. Das Olivenöl in einer Pfanne erhitzen und die Champignons darin mit Knoblauch und Chiliflocken einige Minuten unter Rühren weich dünsten. Die Pfanne vom Herd nehmen und die Pilze 5 Minuten abkühlen lassen. Dann die Pilze, ohne die Flüssigkeit, in eine Schüssel geben, leicht salzen und pfeffern und Trüffelöl und Kräuter dazugeben. Die Pilze mindestens 30 Minuten, am besten über Nacht, ziehen lassen.

Den Taleggio mit der Rinde in feine Scheiben schneiden. Die 4 größten Brotscheiben nebeneinander auf die Arbeitsfläche legen und mit dem Taleggio belegen. Die Pilze darauf verteilen und mit Petersilie bestreuen. Jedes Panino mit einer passenden Brotscheibe bedecken, die Oberseiten mit etwas Pilzmarinade beträufeln und mit Sesam bestreuen.

Die Panini im heißen Kontaktgrill (bei 220 °C) oder in einer Pfanne goldbraun und knusprig braten, dabei einmal wenden. Die Bratzeit der Panini ist recht kurz, da der Taleggio sehr schnell schmilzt und die Pilze bereits gegart sind. Daher das Sandwich am besten nur kurz scharf anbraten und sofort servieren.

BIO
Käse
Petit
2,40€ 100gr
1,95€ 100gr
1,95€ 100gr

STAGIONATO
SOTTO
CENERE
PECORINO
STAGIONATO
SOTTO
GRANO
PECORINO
FR
PECORINO
STAGIONA
SOTTO VINACCIA

WARENKUNDE KÄSE

Käse gilt als eines der traditionsreichsten Grundnahrungsmittel Italiens. So wurden käseähnliche Substanzen schon in den Mägen von Steinzeitjägern gefunden. Die systematische Herstellung von Käse, deren Beginn etwa 2.000 Jahre zurückliegt, hatte den praktischen Hintergrund, dass Käse für die Hirten und Legionäre viel besser zu transportieren und auch haltbarer war als Milch. Zahlreiche Käsespezialitäten – vor allem der Hartkäse – gehen bis auf die frühe Viehhaltung und Milchwirtschaft der Mönche zurück. Prominente Beispiele sind zum Beispiel der Grana Padano und der Parmigiano Reggiano.

Doch egal, von welcher Käseart man spricht – das Grundrezept ist fast immer das gleiche: Milch von Kühen, Ziegen oder Schafen wird mit Lab versetzt, welches durch seine Enzyme eine natürliche Fermentation auslöst. Traditionell wird das Lab aus den Mägen von säugenden Jungtieren gewonnen. Es kommt jedoch immer mehr pflanzliches Lab in der Käseherstellung zum Einsatz, welches aus Labkräutern, Artischockenblüten, Melonensaft oder dem Milchsaft des Feigenbaums gewonnen wird. Nach der Fermentation wird die geronnene Milch in kleine Stücke geschnitten, das sogenannte „Brechen". Dabei tritt die Molke aus dem Käsebruch aus und trennt sich ab. Der Käsebruch wird nun in Käseformen gepresst und gesalzen, dabei verliert er weiter Flüssigkeit. Ab diesem Arbeitsschritt variiert die weitere Zubereitung je nach Käsesorte. Dementsprechend unterscheiden sich die Einsalzperiode und auch die Reifezeit. Je länger ein Käse reift, desto fester und trockener wird er.

Zu den frischen italienischen Käsen gehört der Mozzarella („di bufala" meint aus Büffelmilch hergestellt), Burrata und auch der frische Ricotta. Bei den ersten beiden handelt es sich um sogenannte Filata-Käse, deren Name sich von der Herstellungsweise und der faserigen Struktur (filo = Faser) ableitet.

Neben Kuhmilch ist in Italien auch die Verwendung von Schaf- und Ziegenmilch weit verbreitet. So ist der Pecorino (pecora = Schaf) wohl einer der bekanntesten Schafmilchkäse der Welt. Bis auf Ricotta und Frischkäse ist Käse aus reiner Ziegenmilch in Italien eher selten zu finden. Dies hat sicherlich auch damit zu tun, dass Ziegen im Vergleich zu Kühen und Schafen eher wenig Milch geben.

Wohl der bekannteste der Vertreter der Blauschimmelkäse in Italien ist der Gorgonzola. Ebenso wie sein berühmter Verwandter aus Frankreich wird der Gorgonzola mithilfe des Edelpilzes Penicillium roqueforti veredelt. Eine kleine Stadt mitten in der Lombardei ist es, die ihm seinen Namen gegeben hat.

Während der Reifung von Rotschmierkäse hingegen werden die Käselaibe neben den bestimmten Bakterien auch mit verschiedenen Flüssigkeiten wie Salzlake, Bier oder Wein behandelt. Dies verleiht dieser Art von Käse das würzige und teils scharfe Aroma. Einer der bekanntesten italienischen Käse mit roten Kulturen ist sicherlich der Taleggio, welcher besonders für Panini oder zum Überbacken ein Traum ist.

Der weltweit wohl bekannteste Käse, der Parmesan, reift zwischen 12 und 72 Monaten. An sich ist es ein sehr robuster Käse, in Sachen Lagerung ist er jedoch etwas empfindlich. So verliert er nach dem Anschneiden oder Aufbrechen schnell an Geschmack, da sich seine Aromastoffe unter Lufteinfluss und UV-Strahlen verflüchtigen. Die beste Art der Lagerung ist die in einem Geschirrtuch aus Baumwolle an einem kühlen, leicht feuchten Ort, wie beispielsweise dem Gemüsefach im Kühlschrank. Absehen sollte man von einer Lagerung in Folie, da der Käse so schwitzen und dadurch sehr schnell Schimmel entstehen kann.

Die Hauptdarstellerin bei diesem Panino ist eine heiße Italienerin: Die Salsiccia Calabrese, eine luftgetrocknete Salami mit frischem Peperoncino rosso und Fenchelsamen … Bei diesem Panino empfehle ich, es bei mittlerer Hitze langsam zu braten, sodass der Mozzarella Zeit hat zu schmelzen und die Salsiccia richtig heiß wird.

PANINI SALSICCIA piccante

4 PERSONEN

ZUTATEN

250 g Mozzarella
2 Fleischtomaten
1 Bund Rucola
8 Scheiben weißes Bauernbrot (ca. 1 cm dick; alternativ 4 kleine Fladenbrote)
250 g pikante Salsiccia Calabrese, in möglichst feinen Scheiben
Salz
schwarzer Pfeffer, frisch gemahlein
1 EL italienische Kräuter (siehe Seite 75)
2 EL würziges Olivenöl
1 EL Rosmarinnadeln
Crema Balsamico (Rezept siehe Seite 159)

ZUBEREITUNG

Den Mozzarella abtropfen lassen, trocken tupfen und in dünne Scheiben schneiden. Die Tomaten waschen und in 1 cm dicke Scheiben schneiden. Den Rucola waschen und trocken tupfen, grobe Stiele entfernen.

Die 4 größten Brotscheiben nebeneinander auf die Arbeitsfläche legen und die Mozzarellascheiben darauf verteilen. Mit der Salsiccia und jeweils 2 Scheiben Tomaten belegen. Leicht salzen, pfeffern und mit den Kräutern bestreuen. Zuletzt einige Rucolablätter darüberstreuen. Die Panini mit einer passenden Brotscheibe bedecken, mit dem Olivenöl beträufeln und mit Rosmarinnadeln garnieren.

Die Panini im heißen Kontaktgrill (bei 220 °C) oder in einer Pfanne bei mittlerer Hitze langsam goldbraun und knusprig braten, dabei einmal wenden. Vor dem Servieren die Panini vorsichtig öffnen und einige Spritzer Balsamico hineingeben.

PANINI PANCETTA & Cranberry

4 PERSONEN

» Speck, Parmesan und Cranberrys – auf den ersten Blick vielleicht eine ungewöhnliche Kombination, die aber auf einem gegrillten Sandwich hervorragend funktioniert. Pancetta (Bauchspeck) ist aus der klassischen italienischen Küche nicht wegzudenken – und so findet er auch in diesen Panini seinen Platz. «

ZUTATEN

12 Scheiben Pancetta
1 Bund Rucola
8 Scheiben weißes Bauernbrot (ca. 1 cm dick; alternativ 4 kleine Fladenbrote)
150 g Frischkäse
1 EL italienische Kräuter (siehe Seite 75)
2 EL getrocknete Röstzwiebeln
4 EL getrocknete Cranberrys
200 g Parmesan, gehobelt
Salz
schwarzer Pfeffer, frisch gemahlen
2 EL würziges Olivenöl
1 EL frische Thymianblätter

ZUBEREITUNG

Den Speck in einer Pfanne ohne Fett von beiden Seiten knusprig braten und auf Küchenpapier abtropfen lassen. Den Rucola putzen, waschen und trocken schütteln. Die 4 größten Brotscheiben nebeneinander auf die Arbeitsfläche legen, mit dem Frischkäse bestreichen und mit Kräutern, Röstzwiebeln und Cranberrys bestreuen.

Die Parmesanspäne auf die Panini verteilen und auf jedes Panino 3 Pancetta-Streifen legen, mit Salz und Pfeffer würzen. Etwas Rucola darüberstreuen und jedes Panino mit einer Brotscheibe bedecken. Die Oberseiten mit Olivenöl beträufeln und mit den Thymianblättern bestreuen.

Die Panini im heißen Kontaktgrill (bei 200 °C) oder in einer Pfanne goldbraun und knusprig braten, dabei einmal wenden. Bei diesem Panino empfehle ich, es am besten bei mittlerer Hitze langsam zu braten, so dass alle Zutaten miteinander verschmelzen.

In der italienischen Küche hat der Kürbis, die „zucca", eine lange Tradition. Besonders beliebt ist er in kalten und warmen Vorspeisen, bei den Primi piatti z. B. als Ravioli-füllung mit Amaretti und Parmesan oder in Risotto oder Polenta. Als Dessert wird der Kürbis in Stücke geschnitten, im Ofen gebacken und mit etwas Zimt und Zucker bestreut. In dieser Kombination mit Käse und Salbei harmonieren die Zutaten besonders gut.

KÜRBIS Ricotta BRUSCHETTA

4 PERSONEN

ZUTATEN

2 kleine Butternusskürbisse (ersatzweise Hokkaido)
5 Knoblauchzehen
100 ml würziges Olivenöl
1 TL Chiliflocken
Salz
schwarzer Pfeffer, frisch gemahlen
20 Salbeiblätter
2 EL weiche Butter
frisch geriebene Muskatnuss
4 große Scheiben Bauernbrot
4 Scheiben Taleggio oder Fontina
250 g Ricotta
5 EL Parmesan, gerieben
Crema Balsamico (Rezept siehe Seite 159)

ZUBEREITUNG

Für das Kürbispüree den Backofen auf 200 °C (Ober-/Unterhitze) vorheizen. Die Kürbisse halbieren und die Kerne mit einem Löffel herausschaben. Die Kürbisse in jeweils 8 Spalten schneiden und in eine große Schüssel geben. Die Knoblauchzehen schälen und dazupressen. Die Kürbisspalten mit 4 EL Olivenöl, Chiliflocken, etwas Salz und Pfeffer würzen und alles gut mischen.

Die Salbeiblätter waschen und trocken tupfen, dann in einer kleinen Schüssel mit 2 EL Olivenöl mischen. Den gewürzten Kürbis auf einem Backblech oder in einer Auflaufform verteilen und die mit Olivenöl getränkten Salbeiblätter darübergeben. Beides im Ofen etwa 50 Minuten garen. Der Kürbis ist fertig, sobald das Fruchtfleisch weich ist. Den Kürbis aus dem Ofen nehmen und abkühlen lassen. Den gebratenen Salbei vom Kürbis nehmen und beiseitestellen.

Das Fruchfleisch vom Kürbis entlang der Schale mit einem Messer ablösen und in eine Schüssel geben. Die weiche Butter hinzufügen und alles zu Püree stampfen. Mit Salz, Pfeffer und etwas Muskat abschmecken und zugedeckt warm halten.

Für die Bruschetta die Brotscheiben mit dem übrigen Olivenöl bestreichen und im Kontaktgrill oder in einer großen Pfanne goldbraun rösten. Aus der Pfanne nehmen und jeweils mit 1 Scheibe Taleggio oder Fontina belegen, der Käse schmilzt dabei leicht. Den Ricotta in einer Schüssel mit Salz und Pfeffer würzen.

Das Kürbispüree auf die Scheiben mit dem geschmolzenen Käse verteilen, jeweils einige Kleckse Ricotta, Parmesan und beiseitegestellte Salbeiblätter daraufgeben. Zuletzt einige Spritzer Crema Balsamico darüberträufeln.

GORGONZOLA Birne PANINI

4 PERSONEN

Ein Klassiker aus Großmutters Zeiten erlebt hier sein Revival. Was früher noch recht ausgefallen war, ist heute schon wieder ein Klassiker. Der Clou: Der Radicchio mit seiner leicht bitteren Note harmoniert besonders gut mit der fruchtig-süßen Birne. Auch hier das Panino am besten langsam und bei mittlerer Hitze braten, sodass alle Zutaten miteinander verschmelzen.

ZUTATEN

200 g würziger Gorgonzola, entrindet
100 g Frischkäse
3 EL Walnusskerne, gehackt
1 EL italienische Kräuter (siehe Seite 75)
Salz
schwarzer Pfeffer, frisch gemahlen
2 reife, weiche Birnen
1 kleiner Radicchio
8 Scheiben weißes Bauernbrot, ca. 1 cm dick (alternativ 4 kleine Fladenbrote)
2 EL würziges Olivenöl
1 EL Sesamsamen
Crema Balsamico (Rezept siehe Seite 159)

ZUBEREITUNG

In einer kleinen Schüssel den Gorgonzola mit Frischkäse, Walnusskernen, Kräutern, etwas Salz und 1 Prise Pfeffer gut mischen.

Die Birnen waschen, vierteln, entkernen und in dünne Scheiben schneiden. Den Radicchio putzen, waschen und trocken schleudern.

Die 4 größten Brotscheiben nebeneinander auf die Arbeitsfläche legen, mit Radicchio bedecken und die Gorgonzola-Paste darauf verteilen. Die Birnenscheiben auf die Panini verteilen. Die Panini mit einer Brotscheibe bedecken, mit dem Olivenöl beträufeln und mit Sesam bestreuen.

Die Panini im heißen Kontaktgrill (bei 220 °C) oder in einer Pfanne bei mittlerer Hitze langsam goldbraun und knusprig braten, dabei einmal wenden. Vor dem Servieren, die Panini vorsichtig öffnen und einige Spritzer Balsamico hineingeben. Sie schmecken am besten lauwarm!

Spargel TALEGGIO PANINI

4 PERSONEN

Ich empfehle, dünnen grünen Spargel für dieses Rezept zu verwenden. Dieser lässt sich schneller verarbeiten und ist aromatischer als sein weißer Vetter.

ZUTATEN

200 g Taleggio
12 Stangen grüner Spargel
Salz
1 Bund Rucola
8 Scheiben weißes Bauernbrot (ca. 1 cm dick; alternativ 4 kleine Fladenbrote)
250 g Prosciutto, in Scheiben
2 EL würziges Olivenöl
1 EL schwarze Sesamsamen
1 TL Chiliflocken
Crema Balsamico (Rezept siehe Seite 159)

ZUBEREITUNG

Den Taleggio mit Rinde in dünne Scheiben schneiden. Den Spargel waschen und die unteren 2 cm entfernen. Den Spargel entweder in einer Pfanne kurz heiß anbraten oder im Kontaktgrill 2 Minuten grillen. Etwas salzen und zum Abkühlen beiseitestellen.

Den Rucola putzen, waschen und trocken schütteln. Die 4 größten Brotscheiben nebeneinander auf die Arbeitsfläche legen, zuerst mit dem Taleggio und dann mit dem Schinken belegen. Jedes Panino mit 3 Spargelstangen belegen und mit etwas Rucola bestreuen. Mit einer passenden Brotscheibe bedecken, die Oberseiten mit etwas Olivenöl beträufeln und mit Sesam und Chiliflocken bestreuen.

Die Panini im heißen Kontaktgrill (bei 220 °C) oder in einer Pfanne goldbraun und knusprig braten, dabei einmal wenden. Vor dem Servieren das Panino vorsichtig öffnen und einige Spritzer Balsamico hineingeben.

Da Saltimbocca sehr beliebt ist, findet man gelegentlich auch Hähnchenbrust, Rehmedaillons, Seeteufel oder Zander so zubereitet. Charakteristisch ist immer die Kombination mit Schinken und Salbei. Bei Eigenkreationen am besten darauf achten, dass der kräftige Salbeigeschmack nicht zu sehr dominiert und ein Zusammenspiel mit den anderen Zutaten besteht. Wer in Italien an der Fleischtheke steht, muss nach „vitello" Ausschau halten – so heißt das Kalbfleisch dort.

SALTIMBOCCA ALLA ROMANA Panini

4 PERSONEN

Hier kommt der beliebte Klassiker der römischen Küche in neuem Gewand daher. Statt dem traditionellen Geschmacks-Terzett aus Kalbsschnitzel, Salbei und Schinken erfinden wir ein Geschmacks-Quartett in Sandwichform. Aber egal, in welcher Form – das Saltimbocca (übersetzt so viel wie „spring in den Mund") ist genau so köstlich wie einfach.

ZUTATEN

12 Salbeiblätter
4 kleine Kalbsschnitzel (à ca. 100 g)
4 Scheiben Parmaschinken
250 g Mozzarella (2 Kugeln à 125 g)
3 EL Butter
8 Scheiben Meraner Brot (alternativ helles Bauernbrot)
Salz
schwarzer Pfeffer, frisch gemahlen
2 EL würziges Olivenöl
4 kleine Holzspieße

ZUBEREITUNG

Die Salbeiblätter waschen und trocken tupfen. Die Kalbschnitzel vorsichtig mit der glatten Seite des Fleischklopfers plattieren. Auf jedes der Schnitzel 1 Scheibe Parmaschinken und 1 großes Salbeiblatt legen und mit einem Holzspießchen fixieren.

Den Mozzarella abtropfen lassen und in dünne Scheiben schneiden. Die Butter in einer Pfanne zerlassen und die Schnitzel darin von jeder Seite 2 Minuten anbraten. Vom Herd nehmen, die Holzspießchen vorsichtig entfernen und das Fleisch in der Pfanne nachziehen lassen.

Die Hälfte der Brotscheiben mit Mozzarella belegen und jeweils 1 Schnitzel daraufsetzen, leicht salzen und pfeffern. Jeweils eine passende Brotscheibe darauflegen, die Oberseiten mit etwas Olivenöl bestreichen und jeweils 2 Salbeiblätter darauflegen.

Die Panini im Kontaktgrill (bei 220 °C) oder in einer heißen Pfanne von beiden Seiten knusprig braten.

cervo,
capra,
salame Ungherese
originale.
salsiccia
di fegato.

WARENKUNDE
WURST & SCHINKEN

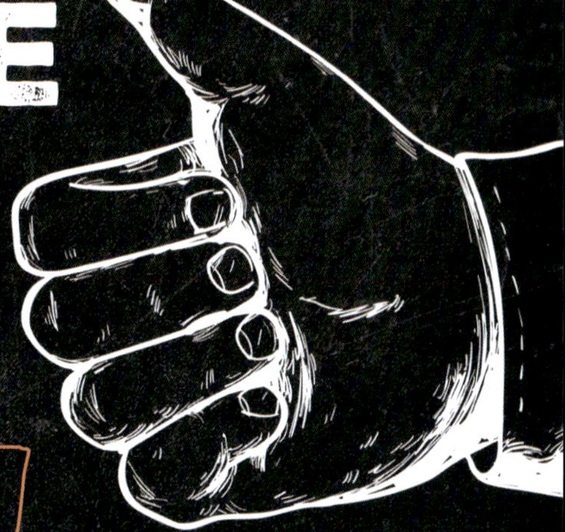

» Je feiner der Schinken geschnitten ist, umso besser kommt sein Aroma zur Geltung. Damit man Parma oder San Daniele schön dünn schneiden kann, sollte er gut gekühlt sein. Mein Tipp: Frieren Sie den Schinken einfach kurz ein, dann hat er genau die richtige Temperatur. «

Sie können die Salsiccia auf dem Grill braten. Das Wurstbrät eignet sich auch sehr gut für Pastasaucen und Suppen (siehe Seite 127) – dazu am besten vorher häuten.

So facettenreich wie die italienische Landschaft sind auch die Wurst- und Schinkenspezialitäten, welche sich vor allem regional stark unterscheiden. Zu den wohl bekanntesten Wurstdelikatessen zählt die Salami, welche traditionell immer luftgetrocknet ist. Die Lufttrocknung entsprang der Notwendigkeit, ein Lebensmittel zu entwickeln, welches über Wochen und Monate haltbar ist und nichts von seiner Qualität einbüßt. So ist im Süden des Landes eine Lufttrocknung für die Haltbarkeit ausreichend – je weiter man gegen Norden kommt, ist ein zusätzliches Räuchern für die Haltbarkeit notwendig.

Die Salsiccia ist im Gegensatz zur Salami eine frische Wurst, die im Grundrezept mit der deutschen Bratwurst zu vergleichen ist. Die Haltbarkeit ist zwar begrenzt, aber die Zubereitungsmöglichkeiten sind unendlich.

Doch nicht nur die Salami ist durch ihre Lufttrocknung weltbekannt, sondern auch der typische italienische Schinken – der Prosciutto (was nichts anders als „luftgetrocknet“ heißt). Zu den bekanntesten Vertretern des italienischen Schinkens gehören der Prosciutto, der Parma und der mildere San-Daniele-Schinken. Letzterer weist einen aromatisch-süßlichen Geschmack auf und ist nach seinem Herkunftsort San Daniele nordwestlich von Udine im Friaul benannt. Da an diesem Ort die trockene Luft aus den Alpen und die feuchte Meeresluft zusammentreffen, kommt dies der Reifung dieses wunderbaren Schinkens sehr zugute.

Handelt es sich um Parmaschinken „di origine protezionata“ (DOP, mit geschütztem Ursprung), dürfen die Schweine, welche für den Parmaschinken geschlachtet werden, ausschließlich aus den mittel- und norditalienischen Regionen stammen. Und werden neben Mais und Gerste auch mit der Molke, welche bei der Herstellung des Parmesans übrigbleibt, gefüttert. Original Parmaschinken hat eine Reifezeit von mindestens einem Jahr, welche aber auch zwei bis drei Jahre betragen kann. Nach dieser Zeit wird jeder einzelne Schinken von einem unabhängigen Prüfer geprüft und bekommt bei bestehender Qualitätsprüfung seine typische fünfzackige Krone aufgebrannt.

o in casa

Mit diesem Ciabatta
können Sie sogar die größte
Hitze genießen! Nicht nur mein
Publikum in Enrico Carusos Geburts-
stadt ist mir in bester Erinnerung, auch
die Padróna ist mir ans Herz gewachsen.
Wann immer ich in Neapel bin, zieht
mich die kleine Seitengasse magisch
an und ich lande in dem
kleinen Restaurant.

KRÄUTER Ziegenkäse CIABATTA

4 PERSONEN

Mein Konzert in Neapel war zu Ende, und ich hatte einen Riesenhunger. Für Pizza, Spaghetti und Frittiertes war es aber zu heiß an diesem Sommerabend. In einer kleinen Gasse entdeckte ich zufällig ein ebenso kleines Restaurant. Trotz später Stunde begrüßte mich la Padróna, eine nicht mehr ganz junge Napolitanerin, überschwänglich und servierte mir ein wunderbares Nachtmahl: Kräuterziegenkäse mit Grilltomaten!

ZUTATEN

4 Ciabatta-Brötchen
1 große Tomate, in 5 mm dicke Scheiben geschnitten
6 Stängel Estragon
200 g Ziegenfrischkäse
würziges Olivenöl
Crema Balsamico
(Rezept siehe Seite 159)

ZUBEREITUNG

Die Brötchen quer halbieren (sehr dicke Brötchen in 3 Scheiben schneiden und nur die beiden äußeren verwenden).

Die Tomatenscheiben in einer Grillpfanne ohne Fett bei starker Hitze kurz anbraten, bis sie etwas Farbe annehmen, dabei nicht wenden. Die Wärmezufuhr verringern und die Scheiben noch etwa 1 Minute grillen. Anschließend vorsichtig aus der Pfanne nehmen und beiseitestellen.

Den Estragon waschen, trocken tupfen und von 2 Stängeln die Blätter abzupfen. Ziegenkäse, 3 EL Olivenöl und Estragonblätter in einer Schüssel mit einem Schneebesen kräftig verrühren und jeweils die unteren Brötchenhälften damit bestreichen. Die gegrillten Tomaten darauf verteilen, die oberen Brötchenhälften daraufsetzen und fest zusammendrücken. Die Oberseiten mit etwas Olivenöl bestreichen und je 1 Estragonstängel darauflegen.

Das ursprüngliche „Arme-Leute-Essen“ gibt es in zig Variationen – vom Klassiker mit frischen Tomaten („con pomodoro e basilico“) bis hin zur exklusiven Version mit gehobeltem Trüffel. Das Grundrezept ist immer gleich: Frisch geröstetes Brot wird noch warm belegt und sofort verzehrt. Ich empfehle wenig gesalzenes Weißbrot, denn so kommen die Zutaten des Belags am besten zur Geltung.

PARMA Feigen BRUSCHETTA

4 PERSONEN

ZUTATEN

4 TL würziges Olivenöl
4 große Scheiben Weißbrot (wenig gesalzen)
1 Knoblauchzehe
4 gerade reife Feigen (alternativ 8 kleine Feigen)
1 Bund Rucola
6 EL Erbsenpesto (Rezept siehe Seite 155)
150 g Parmaschinken (in Scheiben)
Salz
schwarzer Pfeffer, frisch gemahlen
2 EL Pinienkerne
Crema Balsamico (Rezept siehe Seite 159)

ZUBEREITUNG

In einer großen Pfanne oder im Kontaktgrill das Olivenöl erhitzen und die Brotscheiben darin von jeder Seite goldbraun und kross braten. Die Scheiben herausnehmen, kurz abkühlen lassen und auf der Oberseite mit der halbierten Knoblauchzehe einreiben.

Die Feigen waschen, trocken tupfen, den Stängel entfernen und die Feigen in etwa 1 cm dicke Scheiben schneiden. Falls die Feigen klein sind, diese der Länge nach halbieren. Die Feigen auf dem Grill oder in einer Pfanne anbraten. (Sollten die Feigen nicht süß genug sein, diese mit etwas Zucker in der Pfanne karamellisieren.)

Den Rucola waschen und trocken tupfen, grobe Stiele entfernen. Die Knoblauchseite der Brote mit Erbsenpesto bestreichen und mit Rucolablättern belegen. Jeweils 1 Portion Parmaschinken daraufsetzen und einige Feigenscheiben darauflegen. Leicht salzen und pfeffern. Zuletzt jeweils ½ EL Pinienkerne und etwas Crema Balsamico auf jeder Bruschetta verteilen.

Pecorino AUBERGINEN BRUSCHETTA

4 PERSONEN

Bei dieser Bruschetta können Sie den Pecorino auch durch andere Hartkäsesorten, wie beispielsweise Parmesan, austauschen. Auch lässt sich die Aubergine durch gegrillte Paprika oder Zucchini ersetzen. Hier können Sie Ihrer Fantasie freien Lauf lassen!

ZUTATEN

6 EL würziges Olivenöl
4 Scheiben Weißbrot (wenig gesalzen)
1 Knoblauchzehe
1 große Aubergine
200 g Pecorino
1 Bund Rucola
8 halbgetrocknete Tomaten (in Öl eingelegt)
4 EL rotes Zwiebelchutney (Rezept siehe Seite 157)
Salz
schwarzer Pfeffer, frisch gemahlen

ZUBEREITUNG

In einer großen Pfanne oder im Kontaktgrill 2 EL Olivenöl erhitzen und die Brotscheiben darin von jeder Seite goldbraun und kross braten. Die Scheiben herausnehmen, kurz abkühlen lassen und auf der Oberseite mit der halbierten Knoblauchzehe einreiben.

Die Aubergine waschen, der Länge nach in 8 dünne Scheiben schneiden und trocken tupfen (Reste anderweitig verwenden). In einer Pfanne die übrigen 4 EL Olivenöl erhitzen und die Auberginenscheiben darin von jeder Seite leicht bräunen.

Die Rinde des Pecorino entfernen, den Käse mit einem Sparschäler in möglichst lange Späne hobeln. Den Rucola waschen und trocken tupfen, grobe Stiele entfernen.

Jede Brotscheibe mit 2 Auberginenscheiben belegen und mit Rucola und Pecorino-Spänen bestreuen. Je 2 getrocknete Tomaten und 1 EL Zwiebelchutney daraufsetzen. Zuletzt leicht mit Salz und Pfeffer würzen.

Achten Sie bei Bruschetta immer darauf. dass das Brot möglichst wenig Luftlöcher aufweist. Sie entstehen beim Backen. sind aber ungünstig für kleinteilige Belage oder leicht schmelzende Käsesorten.

APRIKOSEN Prosciutto BRUSCHETTA

4 PERSONEN

ZUTATEN

4 EL würziges Olivenöl
4 Scheiben Weißbrot (wenig gesalzen)
75 g getrocknete Aprikosen
3 Zweige Rosmarin
200 g Frischkäse
2 EL Crème fraîche
Salz
1 Bund Rucola
200 g Prosciutto

ZUBEREITUNG

In einer großen Pfanne oder im Kontaktgrill 2 EL Olivenöl erhitzen und die Brotscheiben darin von jeder Seite goldbraun und kross braten.

2 getrocknete Aprikosen in der Mitte teilen und beiseitelegen. Die restlichen Aprikosen möglichst klein hacken. Den Rosmarin waschen und trocken tupfen, die Nadeln abzupfen und 1 TL davon fein hacken, den Rest beiseitelegen. Die gehackten Aprikosen mit Frischkäse, Crème fraîche, gehacktem Rosmarin und 1 Prise Salz in einer Schüssel mischen.

In einer kleinen Pfanne die übrigen 2 EL Olivenöl erhitzen und die beiseitegelegten Rosmarinnadeln darin knusprig braten. Den Rucola waschen und trocken tupfen, grobe Stiele entfernen.

Die Brotscheiben mit dem Aprikosenfrischkäse bestreichen und etwas Rucola darüberstreuen. Den Prosciutto auf den Broten verteilen und die Rosmarinnadeln darüberstreuen. Zuletzt mit den beiseitegelegten Aprikosenhälften garnieren.

Sollte etwas vom Pesto übrigbleiben, können Sie es, mit Öl bedeckt, etwa 1 Woche im Kühlschrank aufbewahren. Es passt sehr gut zu frischem Ziegenkäse auf gegrilltem Brot. Auch harmoniert das Rote-Bete-Pesto mit gedünstetem Fenchel oder kaltem Braten. Selbst als Pesto mit frisch gekochter Pasta, etwas Parmesan und Pinienkernen hat es das Potenzial ein fester Bestandteil Ihrer Küche zu werden.

ROTE BETE AUSTERNPILZ Bruschetta

4 PERSONEN

ZUTATEN

5 EL würziges Olivenöl
4 Scheiben Weißbrot (wenig gesalzen)
400 g Austernpilze
1 Knoblauchzehe
4 Zweige Thymian (ca. 5 cm)
Salz
schwarzer Pfeffer, frisch gemahlen

Für das Pesto

2 große Rote Beten
2 kleine rote Zwiebeln
100 g Sonnenblumenkerne
50 ml Sonnenblumenöl
1 EL frisch gepresster Zitronensaft
1 EL Honig
1 TL Salz

ZUBEREITUNG

Für das Pesto die Roten Beten waschen, in eine kleine Auflaufform setzen und im Ofen 1 Stunde garen. Die Zwiebeln schälen, vierteln und in den letzten 20 Minuten mit den Roten Beten mitgaren. Beides aus dem Ofen nehmen und kurz abkühlen lassen.

Die Roten Beten mit einem kleinen Küchenmesser schälen (am besten Einmalhandschuhe tragen!) und in grobe Würfel schneiden. Alle Zutaten des Pestos in der Küchenmaschine oder in einem hohen Rührbecher mit dem Stabmixer fein pürieren.

Den Backofen auf 180 °C (Ober-/Unterhitze) vorheizen. In einer großen Pfanne oder im Kontaktgrill 2 EL Olivenöl erhitzen und die Brotscheiben darin von jeder Seite goldbraun und kross braten.

Die Austenpilze putzen und trocken abreiben. Den Knoblauch schälen und fein hacken. Die Thymianzweige waschen und trocken tupfen. 3 EL Olivenöl in einer Pfanne oder im Kontaktgrill erhitzen und Pilze und Knoblauch darin knusprig braten. Mit etwas Salz und Pfeffer würzen.

Zum Servieren die Brotscheiben mit dem Rote-Bete-Pesto bestreichen und die Austernpilze darauf verteilen, mit je 1 Thymianzweig garnieren.

ANTIPASTI al Pablo

Die Bruschetta ist sozusagen ein „Best of" meiner Lieblings-Antipasti und in meinen Läden ein Dauerbrenner. Das Topping besteht aus einem klassischen Tomatenmix, den Sie ganz einfach von Hand oder auch praktisch im Blitzhacker zubereiten können.

BRUSCHETTA

4 PERSONEN

ZUTATEN

- 3 EL würziges Olivenöl
- 4 Scheiben Weißbrot (wenig gesalzen)
- 1 Knoblauchzehe
- 2 große Tomaten
- ½ rote Zwiebel
- 1 TL Zucker
- Salz
- schwarzer Pfeffer, frisch gemahlen
- 200 g Frischkäse
- 2 Zweige Zitronenthymian
- 4 mit Frischkäse gefüllte süße Mini-Peperoni
- 4 Kapernäpfel
- 100 g gemischte Oliven (ohne Kern)
- 4 halbgetrocknete Tomaten (in Öl eingelegt)
- Crema Balsamico (Rezept siehe Seite 159)

ZUBEREITUNG

In einer großen Pfanne oder im Kontaktgrill 2 EL Olivenöl erhitzen und die Brotscheiben darin von jeder Seite goldbraun und kross braten. Herausnehmen, kurz abkühlen lassen und auf der Oberseite mit der halbierten Knoblauchzehe einreiben.

Die Tomaten waschen und vierteln. Die Zwiebel und übrigen Knoblauch schälen. Tomaten, Zwiebel, Knoblauch, übriges Olivenöl, Zucker, 1 Prise Salz und Pfeffer grob hacken, die Tomatenstücke sollten danach etwa 1 cm groß sein.

Die Brotscheiben mit Frischkäse bestreichen und je 2 EL Bruschetta-Tomaten-Topping (mit möglichst wenig Flüssigkeit) daraufgeben.

Den Thymian waschen, trocken tupfen und die Blättchen abzupfen. Die Peperoni, Kapernäpfel und Oliven halbieren. Jeweils 1 halbgetrocknete Tomate, 2 Peperoni- und Kapernhälften und einige halbierte Oliven auf jedem Brot verteilen. Mit Thymianblättchen bestreuen und mit einigen Spritzern Crema Balsamico garnieren.

Dieses Rezept stammt aus den Straßen Palermos und ist in seiner Einfachheit wie im Geschmack kaum zu schlagen. Die lauwarme, angebratene Paprika auf einem kross gegrillten Bauernbrot, dazu Sardellen, das Aroma von frischem Oregano und 1 Spritzer Balsamico. Authentischer geht Italian Streetfood nicht!

SARDELLEN Paprika BRUSCHETTA

4 PERSONEN

ZUTATEN

4 EL würziges Olivenöl
4 Scheiben Weißbrot (wenig gesalzen)
1 Knoblauchzehe
16 Sardellenfilets (in Öl eingelegt)
4 rote Paprikaschoten
Salz
schwarzer Pfeffer, frisch gemahlen
4 Stängel Oregano
Crema Balsamico (Rezept siehe Seite 159)

ZUBEREITUNG

In einer Pfanne oder im Kontaktgrill 2 EL Olivenöl erhitzen und die Brotscheiben darin von beiden Seiten knusprig anbraten. Herausnehmen, kurz abkühlen lassen und die Oberseiten mit der halbierten Knoblauchzehe einreiben.

Die Sardellenfilets auf Küchenpapier abtropfen lassen. Die Paprika längs halbieren, entkernen, waschen und trocken tupfen. In der Pfanne die übrigen 2 EL Öl erhitzen und die Paprika darin von beiden Seiten einige Minuten anbraten, bis diese schön weich sind. Anschließend mit Salz und Pfeffer würzen.

Den Oregano waschen und trocken tupfen. Die gerösteten Brotscheiben mit den Paprikahälften belegen und die Sardellenfilets darauf verteilen. Jeweils mit 1 Stängel Oregano und etwas Crema Balsamico garnieren.

GORGONZOLA HÄHNCHENBRUST Bruschetta

4 PERSONEN

Hier kombiniere ich klassisch Gorgonzola und Stangensellerie mit Hähnchenbrust. Bei den wenigen Zutaten ist die Qualität umso wichtiger. So sollte der Gorgonzola eine mittlere Reifestufe haben – erkennbar an seiner leicht cremigen Konsistenz. Falls er noch zu jung und fest ist, können Sie ihn einfach im Käsepapier im Kühlschrank etwa 1 Woche oder bei Zimmertemperatur 2 Tage nachreifen lassen.

ZUTATEN

4 EL würziges Olivenöl
4 Scheiben Weißbrot, wenig gesalzen
1 Knoblauchzehe
400 g Hähnchenbrustfilet
Salz
schwarzer Pfeffer, frisch gemahlen
1 EL italienische Kräuter (siehe Seite 75)
400 g cremiger Gorgonzola
2 Stangen Staudensellerie
150 g Crème fraîche

ZUBEREITUNG

In einer Pfanne oder im Kontaktgrill 2 EL Olivenöl erhitzen und die Brotscheiben darin von beiden Seiten knusprig anbraten. Herausnehmen, kurz abkühlen lassen und die Oberseiten mit der halbierten Knoblauchzehe einreiben.

Die Hähnchenbrust waschen, trocken tupfen und mit etwas Salz, Pfeffer und den Kräutern einreiben. 2 EL Olivenöl in einer Pfanne erhitzen und die Hähnchenbrustfilets darin rundum anbraten, bis das Fleisch durch ist. Aus der Pfanne nehmen, abkühlen lassen und entlang der Fasern in kleine Stücke zupfen.

Falls nötig, die Rinde des Gorgonzolas entfernen. Den Sellerie putzen, waschen und in dünne Scheiben schneiden.

Den Gorgonzola grob auf die gegrillten Brotscheiben streichen und die Hähnchenbrust darüber verteilen. Jeweils etwas Sellerie darüberstreuen und 2 kleine Kleckse Crème fraîche daraufgeben. Zuletzt etwas frischen Pfeffer über die Bruschetta mahlen.

NEKTARINEN Ziegenkäse BRUSCHETTA

4 PERSONEN

Diese fruchtig-würzige Kombi ist wie gemacht für warme Sommertage. Besonders schön sieht es aus, wenn die Nektarinen auf dem Grill angebraten werden und das Muster des Rosts aufweisen. Getrocknete Blütenblätter finden Sie im gut sortierten Supermarkt oder Onlinehandel. Dabei dürfen Kornblumen, Malven und Ringelblumen nicht fehlen, da diese auch getrocknet eine intensive Farbe aufweisen.

ZUTATEN

4 EL würziges Olivenöl
4 Scheiben Weißbrot (wenig gesalzen)
2 EL Pinienkerne
1 Bund Rucola
3 Nektarinen
1 EL getrocknete Rosmarinnadeln
12 Scheiben Ziegenrolle (à 50 g)
Salz
1 EL getrocknete Wildblumen
Crema Balsamico (Rezept siehe Seite 159)

ZUBEREITUNG

In einer großen Pfanne oder im Kontaktgrill 2 EL Olivenöl erhitzen und die Brotscheiben von jeder Seite goldbraun und kross braten. Herausnehmen und abkühlen lassen.

In einer Grillpfanne die übrigen 2 EL Olivenöl erhitzen und die Pinienkerne darin kurz rösten, aus der Pfanne nehmen und abkühlen lassen. Den Rucola waschen und trocken tupfen, grobe Stiele entfernen.

Die Nektarinen waschen, halbieren und den Stein entfernen. Die Fruchthälften in dünne, etwa 1 cm dicke Spalten schneiden und in der Grillpfanne im verbliebenen Fett bei mittlerer Hitze von beiden Seiten goldbraun anbraten.

Die Brotscheiben mit etwas Rosmarin bestreuen und je 3 Scheiben Ziegenkäse darauflegen, darüber etwas Rucola verteilen. Die Nektarinen auf den Brotscheiben verteilen und leicht salzen. Zuletzt die Pinienkerne darüberstreuen und die Brote mit den Wildblumen und etwas Crema Balsamico garnieren.

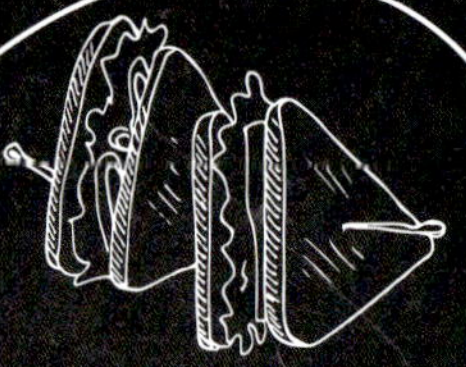

TRAMEZZINI

Wie der Name schon sagt, sind diese belegten Brote für zwischendurch („tramezzo") gedacht. Man wird nicht richtig satt, aber sie sind der perfekte Snack, der Appetit auf mehr macht. Ihren Ursprung haben die belegten Weißbrotscheiben in Turin. Heute werden sie in ganz Italien angeboten. Das Brot der Tramezzini ist ähnlich einem deutschen Toastbrot, aber etwas feiner, mit weniger Poren.

TRAMEZZINI MAILÄNDER Salami

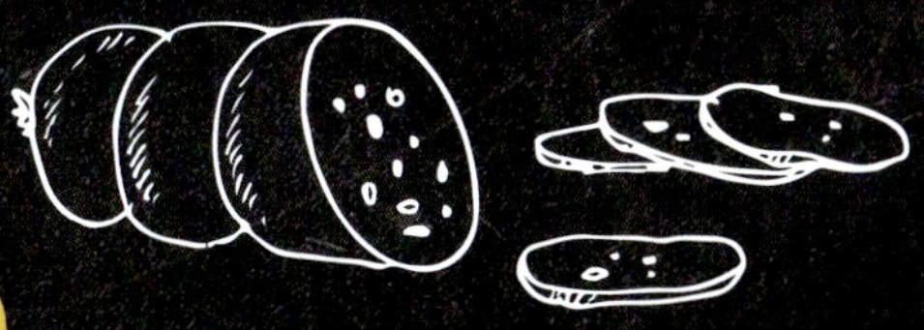

4 PERSONEN

ZUTATEN

150 g Fontina
150 g grüne, eingelegte Antipasti-Peperoni
1 Bund Rucola
8 Scheiben Tramezzini-Brot (etwa 12 x 12 cm)
200 g Frischkäse
1 EL getrocknete Röstzwiebeln
200 g luftgetrocknete Mailänder Salami
Salz
schwarzer Pfeffer, frisch gemahlen
Crema Balsamico (Rezept siehe Seite 159)

ZUBEREITUNG

Die Rinde des Fontinas entfernen und den Käse in dünne Scheiben schneiden. Die eingelegten Peperoni auf Küchenpapier abtropfen lassen. Den Rucola waschen und trocken tupfen, grobe Stiele entfernen.

Die Tramezzini auf der Arbeitsfläche verteilen und alle Oberseiten mit dem Frischkäse bestreichen. Die Hälfte der bestrichenen Brotscheiben mit Fontina, Röstzwiebeln, Peperoni und Salami belegen. Mit wenig Salz und Pfeffer bestreuen und etwas Balsamico darübergeben.

Den Rucola auf den belegten Brotscheiben verteilen und jeweils 1 unbelegte Brotscheibe (mit der Frischkäseseite nach unten) darauflegen, die Tramezzini leicht andrücken. Die Ränder der Brotscheiben entfernen, die Tramezzini diagonal halbieren und jeweils 2 Dreiecke servieren.

TRAMEZZINI Crema & TONNO

4 PERSONEN

Bei dem Tramezzino handelt es sich um einen absoluten Italo-Klassiker. Sein feiner Geschmack rührt von der würzigen Thunfischcreme. Sie können die Creme übrigens bereits einige Tage im Voraus zubereiten – einfach zugedeckt im Kühlschrank aufbewahren.

ZUTATEN

1 Dose Thunfisch (140 g; in Öl eingelegt)
100 g Frischkäse
100 g saure Sahne
1 EL gehackte Petersilie
1 TL Zitronensaft
2 EL Kapern
Salz
schwarzer Pfeffer, frisch gemahlen
2 hart gekochte Eier
1 kleine rote Zwiebel
4 Blätter grüner Salat
1 Zweig Zitronenthymian
8 Scheiben Tramezzini-Brot (etwa 12 x 12 cm)

ZUBEREITUNG

In einer Schüssel den abgetropften Thunfisch mit Frischkäse, saurer Sahne, Petersilie, Zitronensaft, Kapern, Salz und etwas Pfeffer mischen. Die Creme 30 Minuten kühl stellen.

Inzwischen die Eier pellen und in Scheiben schneiden. Die Zwiebel schälen und in möglichst dünne Ringe schneiden. Den Salat waschen und trocken tupfen. Den Thymian waschen, trocken tupfen und die Blättchen abzupfen.

Auf 4 Tramezzini-Scheiben je 1 Salatblatt legen und mit der Thunfischcreme bestreichen. Darüber jeweils 2 Scheiben Eier und einige Zwiebelringe verteilen, mit Thymianblättchen bestreuen.

Jeweils 1 unbelegte Brotscheibe darauflegen und die Tramezzini leicht andrücken. Die Ränder der Brotscheiben entfernen, die Tramezzini diagonal halbieren und jeweils 2 Dreiecke servieren.

TRAMEZZINI QUATTRO FORMAGGI & Zucchini

4 PERSONEN

Diese Tramezzini brate ich zum Servieren zusätzlich leicht in einer Pfanne in etwas Olivenöl an. Denn nur so kommt das Käse-Quartett zu seinem vollen Aroma – wenn die Käsesorten sich erwärmen und leicht ineinander verschmelzen.

ZUTATEN

150 g Gorgonzola
100 g Parmesan oder Pecorino
125 g Mozzarella (1 Kugel)
100 g Ricotta
1 TL italienische Kräuter (siehe Seite 75)
Salz
schwarzer Pfeffer, frisch gemahlen
1 mittelgroße Zucchini
4 EL würziges Olivenöl
8 Scheiben Tramezzini-Brot (ca. 12 x 12 cm)
2 EL Sesamsamen

ZUBEREITUNG

Von Gorgonzola, Parmesan oder Pecorino die Rinde entfernen. Den Gorgonzola und den abgetropften Mozzarella in kleine Würfel schneiden. Den Parmesan oder Pecorino fein hobeln. Gorgonzola, Parmesan oder Pecorino, Mozzarella und Ricotta mit Kräutern, wenig Salz und Pfeffer in einer Schüssel mischen.

Die Zucchini waschen und in 1 cm dicke Scheiben schneiden. In einer Pfanne 2 EL Olivenöl erhitzen und die Zucchini darin von beiden Seiten kurz anbraten. Herausnehmen und etwas abkühlen lassen.

Alle Tramezzini-Scheiben auf der Arbeitsfläche verteilen und mit der Käsemischung bestreichen. Die Zucchini auf der Hälfte der Brotscheiben verteilen. Die Tramezzini mit den übrigen Brotscheiben bedecken und leicht andrücken. Die Ränder der Brotscheiben wegschneiden und die Tramezzini rundherum in Sesam tunken.

Das restliche Olivenöl in einer Pfanne erhitzen und die Tramezzini von beiden Seiten goldbraun anbraten, bis der Käse schmilzt. Die Brote aus der Pfanne nehmen, diagonal halbieren und jeweils 2 Dreiecke servieren.

Die Tramezzini erhalten durch eine Art Remouladensoße eine feine Cremeschicht zwischen Lachs und Kresse. Wichtig: Nur mit ganz frischen Eigelben arbeiten, da sie roh verwendet werden!

TRAMEZZINI RÄUCHERLACHS & Kresse

4 PERSONEN

ZUTATEN

2 sehr frische Eigelb
2 TL scharfer Senf
2 TL Zitronensaft
Salz
200 ml Sonnenblumenöl
1 hart gekochtes Ei
½ Bund Schnittlauch
½ Bund glatte Petersilie
2 EL Kapern
100 g Cornichons
schwarzer Pfeffer, frisch gemahlen
edelsüßes Paprikapulver
1 Mini-Römersalat (ca. 150 g)
8 Scheiben Tramezzini-Brot (ca. 12 x 12 cm)
150 g Räucherlachs (in dünnen Scheiben)
2 EL Radieschensprossen
2 EL Kresse

ZUBEREITUNG

Für die Remouladensoße Eigelbe, Senf, Zitronensaft und 1 Prise Salz in einer Schüssel verrühren. Danach das Sonnenblumenöl mit einem Schneebesen langsam und sorgfältig unterrühren.

Das Ei pellen und fein hacken. Den Schnittlauch waschen, trocken tupfen und in feine Röllchen schneiden. Die Petersilie waschen, trocken tupfen, die Blätter fein hacken. Kapern und Cornichons abtropfen lassen und fein hacken. Gehacktes Ei, Kräuter, Kapern und Cornichons mit der angerührten Creme mischen und die Remouladensoße mit etwas Salz, Pfeffer und Paprikapulver würzen.

Die Salatblätter waschen, trocken tupfen und klein zupfen. Alle Brotscheiben auf der Arbeitsfläche verteilen und großzügig mit der Remoulade bestreichen. 4 Brotscheiben zusätzlich mit Salat und Räucherlachs belegen. Die übrigen Brotscheiben (mit der Remouladenseite nach unten) auf die Lachsscheiben legen und leicht andrücken.

Die Ränder der Brotscheiben entfernen und die Brote diagonal halbieren. Radieschensprossen und Kresse waschen, trocken tupfen und in einem tiefen Teller mischen. Die Schnittflächen der Tramezzini in die Sprossen-Kresse-Mischung tauchen und jeweils 2 Dreiecke servieren.

Neben der Pizza stelle ich Ihnen hier noch ein paar Streetfood-Spezialitäten vor, die alle ebenso aus selbst gemachtem Teig hergestellt werden: Stromboli, Panzerotti und Piadine.

GUT ZU WISSEN

Bei den Piadine handelt es sich um kleine Fladen, die jeweils frisch auf dem Grill gebacken und, mit allerlei würzigen Zutaten gefüllt, sofort gegessen werden. Sie stammen aus der Romagna, die original Piadina Romagnola darf inzwischen sogar das Gütezeichen I.G.P. (Indicazione geografica protetta = geschützte geografische Angabe) tragen.

Bei „Stromboli" denken Sie wahrscheinlich gleich an eine Insel im Tyrrhenischen Meer nördlich Siziliens mit einem noch aktiven Vulkan. Hier handelt es sich jedoch um eine Art geflochtene Teigrolle mit pikanter Füllung. Sie sieht wunderschön aus und schmeckt unvergleichlich!

Panzerotti bestehen aus einem Hefe-Kartoffel-Teig – kleine Teigtaschen, die ursprünglich aus Apulien kommen. Ich stelle die traditionelle Füllung mit Tomaten und Käse vor, mittlerweile gibt es zahlreiche Varianten mit Hackfleisch oder Salami, Sardinen, Oliven oder auch Cime di rapa (siehe Seite 113).

2

Pizza
STROMBOLI
PANZEROTTI

PIZZA VOM Grill

6 PERSONEN

Alle „Straßenessen" sind auf eine unkomplizierte Zubereitung angewiesen – so lässt sich auch eine klassische italienische Pizza ganz einfach herstellen. An einem kleinen Straßenstand, der unter Umständen wechselnde Stellplätze hat, ist dies allerdings kaum möglich. Aus dieser Not heraus ist ein herrliches Produkt entstanden, kleine Pizzen vom Grill mit frischem Belag und hohem Suchtfaktor.

ZUTATEN

Für den Teig

500 g Weizenmehl (Type 1050) und etwas zum Arbeiten
½ TL Salz
7 g Trockenhefe
2 EL würziges Olivenöl und etwas zum Bestreichen

Für den Belag

2 EL würziges Olivenöl
2 Knoblauchzehen (in Scheiben)
1 Dose stückige Tomaten (ca. 400 g)
1 TL Zucker
Salz
schwarzer Pfeffer, frisch gemahlen
1 rote Zwiebel (in dünnen Ringen)
1 Bund Basilikum, gehackt
100 g schwarze Oliven, halbiert
150 g Pecorino, gehobelt
etwas Crema Balsamico (siehe Rezept Seite 159)

ZUBEREITUNG

Für den Teig in einer großen Schüssel das Mehl mit dem Salz mischen. Die Hefe in 250 ml lauwarmem Wasser auflösen, zur Mehl-Salz-Mischung geben und verrühren. Das Olivenöl dazugeben und alles mit den Händen zu einem groben Teig verkneten.

Den Teig auf der leicht bemehlten Arbeitsfläche noch 5 Minuten kneten, bis er schön weich ist. Zu einer Kugel formen und zugedeckt an einem warmen Ort 1 Stunde gehen lassen.

Für die Tomatensoße das Öl in einem Topf erhitzen und den Knoblauch darin kurz anbraten. Die Tomaten dazugeben, mit Zucker würzen und alles 15 Minuten köcheln lassen. Mit etwas Salz und Pfeffer abschmecken und abkühlen lassen.

Den Teig in 6 Portionen teilen und jede auf wenig Mehl zu einem dünnen Fladen ausrollen. Die Fladen auf der bemehlten Arbeitsfläche zugedeckt nochmals 30 Minuten ruhen lassen.

Den heißen Grillrost mit etwas Öl bestreichen und die Pizzabrote darauf 3–5 Minuten grillen. Sobald sie leicht gebräunt sind, vorsichtig umdrehen und die zweite Seite braten, bis sich Blasen bilden. Die Temperatur reduzieren, damit die Pizzabrote nicht anbrennen .

Die Teigfladen mit der Tomatensoße bestreichen und mit Zwiebeln, Basilikum, Oliven und Pecorinospänen bestreuen. Noch einige Spritzer Crema Basamico darübergeben und servieren.

STROMBOLI AL tonno

4 PERSONEN

Stromboli ist eine kunstvoll geflochtene oder gerollte Pizza. Von ihrer Machart ähnelt sie der Calzone, optisch eher einem Strudel. Bei der Herkunft scheiden sich aber die Geister. Mit großer Wahrscheinlichkeit geht ihre Entwicklung auf die italienisch-amerikanischen Restaurants an der Ostküste Amerikas Anfang des 20. Jahrhunderts zurück. Was aber natürlich jeder Italiener abstreiten wird ...

ZUTATEN

Für den Teig

½ Würfel frische Hefe (21 g)
1 EL Honig
400 g Weizenmehl (Type 550) und etwas zum Arbeiten
50 ml würziges Olivenöl
1 TL Salz

Für die Füllung

2 Paprikaschoten
1 Zwiebel
75 ml würziges Olivenöl
2 Dosen Thunfisch (in Öl eingelegt)
200 g Schmand oder saure Sahne
2 EL italienische Kräuter (siehe Seite 75)
Salz
schwarzer Pfeffer, frisch gemahlen
250 g geriebener Käse (z. B. Provolone, Mozzarella oder Taleggio)

ZUBEREITUNG

Für den Teig in einer großen Schüssel 100 ml lauwarmes Wasser, Hefe und Honig mischen. Mehl, Olivenöl und Salz dazugeben und den Teig mit einer Küchenmaschine oder mit den Händen zu einer homogenen Masse kneten. Mit einem Küchentuch abdecken und an einem warmen Ort 1 Stunde gehen lassen.

Inzwischen für die Füllung die Paprika halbieren, entkernen, waschen, und in kleine Würfel schneiden. Die Zwiebel schälen und ebenfalls in kleine Würfel schneiden. In einer Pfanne etwas Öl erhitzen und das Gemüse darin kurz andünsten. Den abgetropften Thunfisch dazugeben und 3 Minuten mitköcheln. Den Schmand mit den Kräutern unterrühren und alles mit Salz und Pfeffer abschmecken.

Den Backofen auf 200 °C (Ober-/Unterhitze) vorheizen. Den Teig auf einem leicht bemehlten Backpapier zu einem Rechteck ausrollen. Die Hälfte des Käses in der Mitte verteilen und die Paprika-Thunfisch-Füllung daraufgeben. Den restlichen Käse über die Füllung streuen. Die Ränder des Teigs in etwa 4 cm breite Streifen schneiden und abwechselnd von links nach rechts über die Füllung legen (siehe Foto).

Die Teigenden nach unten umschlagen und die Oberseite der Stromboli vollständig mit dem restlichen Olivenöl bestreichen. Leicht mit Salz bestreuen, samt Backpapier auf ein Backblech ziehen und im Ofen 25 Minuten goldbraun backen. Herausnehmen und kurz abkühlen lassen. Zum Servieren quer in 4 Stücke schneiden.

Je nach Region Italiens variieren auch die Käsesorten. Im Norden des Landes bis Rom wird zum Beispiel Gorgonzola gern eingesetzt. Wir verwenden ihn auch in diesem Rezept, da er der Stromboli ein intensives und würziges Aroma verleiht.

STROMBOLI QUATTRO Formaggi

4 PERSONEN

ZUTATEN

Für den Teig

½ Würfel frische Hefe (21 g)
400 g Weizenmehl (Type 550) und etwas zum Arbeiten
50 ml würziges Olivenöl
1 EL Honig
1 TL Salz

Für die Füllung

100 g Mozzarella
100 g Parmesan
100 g Provolone
100 g Gorgonzola
1 Bund Basilikum, gehackt
Salz
schwarzer Pfeffer, frisch gemahlen
1 EL italienische Kräuter (siehe Seite 75)
1 große rote Paprikaschoten
1 Knoblauchzehe
5 EL würziges Olivenöl

ZUBEREITUNG

Den Teig wie im Rezept auf Seite 63 zubereiten und gehen lassen.

Inzwischen für die Füllung von den verschiedenen Käsesorten ggf. die Rinde entfernen und alle Käsesorten in kleine Würfel schneiden bzw. den Parmesan fein reiben. Das Basilikum mit dem Käse, etwas Salz, Pfeffer und Kräutern in einer großen Schüssel mischen.

Die Paprika halbieren, entkernen, waschen und achteln. Die Knoblauchzehe schälen und in feine Streifen schneiden. 2 EL Öl in einer Pfanne erhitzen und Paprika und Knoblauch darin etwa 10 Minuten anbraten.

Den Backofen auf 200 °C (Ober-/Unterhitze) vorheizen. Den Teig auf einem leicht bemehlten Backpapier zu einem Rechteck ausrollen. Die Hälfte des Käses in der Mitte verteilen und die Paprikafüllung daraufgeben. Den restlichen Käse über die Füllung streuen. Die Ränder des Teigs in etwa 4 cm breite Streifen schneiden und abwechselnd von links nach rechts über die Füllung legen (siehe Foto).

Die Teigenden nach unten umschlagen und die Oberseite des Stromboli vollständig mit dem restlichen Olivenöl bestreichen. Leicht mit Salz bestreuen, samt Backpapier auf ein Backblech ziehen und im Ofen 25 Minuten goldbraun backen. Herausnehmen und kurz abkühlen lassen. Zum Servieren quer in 4 Stücke schneiden.

APULISCHE Panzerotti

20 STÜCK

Panzerotti fritti sind eine typische apulische Spezialität, die man an jeder Straßenecke bekommt und die sich als Streetfood inzwischen über ganz Italien ausgebreitet hat. Bei der Füllung sind der Fantasie keine Grenzen gesetzt: gegrilltes Gemüse, Salsiccia, Antipasti, Thunfisch – jede Sorte hat ihren eigenen Flair. Die Zubereitung ist einfach, es lohnt sich, gleich eine größere Menge zu machen.

ZUTATEN

Für den Teig

½ Würfel Hefe (21 g)
2 EL Zucker
500 g Weizenmehl (Type 550) und etwas zum Arbeiten
1 mehligkochende Kartoffel, gekocht, geschält und zerstampft
Salz
2 EL würziges Olivenöl

Für die Füllung

500 g Mozzarella (4 Kugeln)
1 Knoblauchzehe
250 g stückige Tomaten (aus der Dose)
½ Bund Basilikum, gehackt
Salz
1 l Olivenöl zum Ausbacken

ZUBEREITUNG

Für den Teig in einer großen Rührschüssel 10 EL lauwarmes Wasser mit Hefe und Zucker auflösen. Mehl, Kartoffel, etwas Salz und Olivenöl dazugeben und alles zu einem glatten Teig kneten. Sollte der Teig zu flüssig oder fest sein, noch etwas Mehl bzw. Wasser dazugeben. Den Teig mit einem Küchentuch abdecken und an einem warmen Ort etwa 1 Stunde gehen lassen, bis er sich verdoppelt hat.

Inzwischen für die Füllung den Mozzarella abtropfen lassen und in kleine Stücke zupfen. Den Knoblauch schälen und in dünne Scheiben schneiden. Die Tomatenstücke gut abtropfen lassen. Mozzarella, Knoblauch, Tomaten und Basilikum mischen, mit Salz würzen und beiseitestellen.

Den Teig auf einer leicht bemehlten Arbeitsfläche kurz durchkneten, dünn ausrollen und Kreise mit etwa 15 cm Durchmesser ausstechen (dazu eine Maultaschenform verwenden, alternativ einen Kuchenteller auf den Teig legen und mit einem Messer entlang des Tellerrandes schneiden). In die Mitte der Teigkreise jeweils 2 EL Füllung geben und den Teig zu Halbkreisen zusammenklappen. Die Ränder mit einer Gabel gut andrücken.

Das Olivenöl in einem hohen Topf oder einer Fritteuse auf 180 °C erhitzen und die Teigtaschen darin jeweils etwa 4 Minuten ausbacken. Vorsichtig herausnehmen und auf Küchenpaper abtropfen lassen.

Am besten genießt man die Panzerotti noch warm, wenn der Mozzarella schön geschmolzen ist und Fäden zieht.

HÄHNCHEN Pesto ROSSO PIADINE

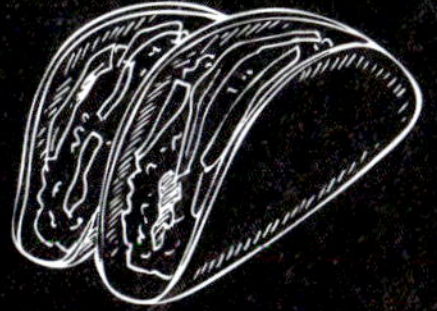

4 PERSONEN

Beheimatet ist dieses dünne, gebratene Fladenbrot zwar in der Region zwischen Bologna und Rimini. Es hat sich aber aufgrund seines guten Geschmacks und der einfachen Zubereitung längst bis nach Deutschland verbreitet. Traditionell werden die Piadine mit Squacquerone, einer Art Frischkäse aus der Region Romagna, gefüllt. Ich ersetze ihn durch Mascarpone, der in Konsistenz und Aroma dem Original ähnelt.

ZUTATEN

Für den Teig

400 g Weizenmehl (Type 550) und etwas zum Arbeiten
2 TL Salz
3 EL würziges Olivenöl
200 ml Mineralwasser mit Kohlensäure

Für die Füllung

400 g Hähnchenbrustfilet
3 EL würziges Olivenöl
1 frische rote Chilischote
10 Basilikumblätter, gehackt
Salz
schwarzer Pfeffer, frisch gemahlen
200 g rotes Tomaten-Pesto
200 g Mascarpone

ZUBEREITUNG

Für den Teig Mehl und Salz in eine große Schüssel geben, in die Mitte eine Mulde formen und Öl und Mineralwasser dazugießen. Alle Zutaten mit den Händen zu einem glatten Teig verkneten. Falls der Teig zu flüssig oder bröselig wird, noch etwas Mehl oder Wasser dazugeben.

Eine Pfanne, am besten beschichtet, ohne Fett erhitzen. Den Teig in 4 Portionen teilen und auf der bemehlten Arbeitsfläche zu Fladen ausrollen. Die Fladen in der Pfanne bei mittlerer Hitze auf jeder Seite etwa 1 Minute anbraten, bis der Teig durch, aber noch nicht gebräunt ist. Herausnehmen und abkühlen lassen.

Für die Füllung die Hähnchenbrust waschen und trocken tupfen. In einer Pfanne im Olivenöl bei mittlerer Hitze von beiden Seiten goldbraun braten. Herausnehmen, entlang der Fasern zerzupfen und beiseitestellen.

Die Chilischote längs halbieren, entkernen, waschen und fein hacken. Mit dem Basilikum zur Hähnchenbrust geben, alles mit Salz und Pfeffer würzen und gut mischen.

Die Oberfläche der Piadine mit Pesto bestreichen, jeweils zur Hälfte mit der Hähnchenmischung belegen und mit 3 TL Mascarpone bedecken. Die Piadine zu Halbkreisen zusammenklappen und in einer Pfanne oder auf dem Grill nochmals 2 Minuten auf jeder Seite rösten.

TONNO Rucola PIADINE

4 PERSONEN

Der heiße, gebratene Teig mit der frischen, saftigen Thunfischfüllung und dem aromatischen Rucola ergeben optisch wie geschmacklich ein Gedicht. Wichtig: Die Piadine werden hier nicht nochmals mit Füllung gegrillt oder gebraten.

ZUTATEN

Für den Teig

400 g Weizenmehl (Type 550) und etwas zum Arbeiten

2 TL Salz

3 EL würziges Olivenöl

200 ml Mineralwasser mit Kohlensäure

Für die Mayonnaise

1 Eigelb

½ TL Zitronensaft, frisch gepresst

1 TL scharfer Senf, Salz

schwarzer Pfeffer, frisch gemahlen

200 ml Sonnenbumen- oder Rapsöl

Für die Füllung

2 Dosen Thunfisch (à 140 g; in Lake eingelegt)

10 Kapernäpfel

1 kleine rote Zwiebel

1 Handvoll gehackte Petersilie

2 Fleischtomaten

1 Bund Rucola

ZUBEREITUNG

Den Teig wie im Rezept auf Seite 69 zubereiten und in einer Pfanne zu 4 kleinen Piadine ausbacken.

Für die Mayonnaise alle Zutaten – bis auf das Öl – in eine Rührschüssel geben und mit einem Schneebesen oder dem Stabmixer aufschlagen. Nach und nach unter Rühren das Öl dazulaufen lassen und alles etwa 3 Minuten zu einer festen Creme verrühren.

Für die Füllung den Thunfisch abtropfen lassen. Die Kapernäpfel entstielen und vierteln. Die Zwiebel schälen und in kleine Würfel schneiden. In einer Schüssel Thunfisch, Kapernäpfel, Zwiebel und Mayonnaise locker mischen. Die Tomaten waschen und in etwa 1 cm dicke Scheiben schneiden, dabei die Stielansätze entfernen. Den Rucola waschen und trocken tupfen, grobe Stiele entfernen.

Die Piadine, falls nötig, nochmals kurz in der Pfanne aufbacken und zur Hälfte mit der Thunfischpaste bestreichen. Jeweils 2–3 Tomatenscheiben darauflegen und mit etwas Rucola und Petersilie bestreuen. Die Piadine zu Halbkreisen zusammenklappen und servieren.

Parma Carciofi Piadine

4 PERSONEN

» Eine herrliche, milde, aber vollmundige Kombination aus Artischocken (carciofi) und Mozzarella. Artischocken sind in ganz Italien sehr verbreitet. So bekommt man diese Alleskönner auf den Wochenmärkten und in den supermercati in den verschiedensten Größen, Farben und Formen. Hier reichen bereits eingelegte Artischocken – egal, ob in Wasser oder Öl – aus, da diese durch das Einlegen schön zart sind. «

ZUTATEN

Für den Teig

400 g Weizenmehl (Type 550) und etwas zum Arbeiten

2 TL Salz

3 EL würziges Olivenöl

200 ml Mineralwasser mit Kohlensäure

Für die Füllung

400 g Mozzarella

4 Artischockenherzen (in Öl oder Lake eingelegt)

8 Basilikumblätter, gehackt

1 EL italienische Kräuter (siehe Seite 75)

Salz

schwarzer Pfeffer, frisch gemahlen

1 Tomate

1 Bund Rucola

250 g Parmaschinken

Crema Balsamico (Rezept siehe Seite 159)

ZUBEREITUNG

Den Teig wie im Rezept auf Seite 69 zubereiten und in einer Pfanne zu 4 kleinen Piadine ausbacken.

Für die Füllung den Mozzarella abtropfen lassen und in dünne Scheiben schneiden. Die Artischockenherzen abtropfen lassen, vierteln und in einer kleinen Schüssel mit Basilikum, Kräutern, Salz und Pfeffer mischen. Die Tomate waschen und in etwa 1 cm dicke Scheiben schneiden. Den Rucola waschen und trocken tupfen, grobe Stiele entfernen.

Die Piadine in einer Pfanne kurz erhitzen und die Hälfte der Oberfläche jeweils mit Mozzarella, Tomaten, Artischocken und Parmaschinken belegen. Mit ein paar Blättern Rucola bestreuen und einige Spritzer Balsamico darauf verteilen.

Die Piadine zu Halbkreisen zusammenklappen und servieren. (Die Piadine bei diesem Rezept nicht nochmals mit Füllung grillen oder braten.)

ANTI PASTI

GUT ZU WISSEN

Antipasti heißt übersetzt „vor der Mahlzeit". Dahinter verbergen sich herrliche kleine Snacks, die Appetit auf mehr machen. Da sie meist aus eingelegtem Gemüse, Schinken oder Salami bestehen, sind sie wunderbar haltbar und im Nu angerichtet.

Italienische Pasta- und Gemüsesalate sind viel zu schade, um nur die Beilage beim Grillen abzugeben. Sie vereinen die ganze Vielfalt der Gärten Italiens… Das Dressing gibt jedem Salat den letzten Schliff – hier variiere ich mit Kräutern, Gewürzen, Pesto oder Essigsorten. Und: Anders als „normale" grüne Salate machen sie richtig satt!

SALATE 3

Snacks

ANTIPASTI

€ 1,00

WARENKUNDE
KRÄUTER & ÖL

Italienische KRÄUTERMISCHUNG

» Wie im Buch erwähnt, verwende ich meine eigene italienische Kräutermischung. Diese wird bewusst ohne Knoblauch, Chili und Zwiebeln gemischt, welche ich lieber individuell auf das Gericht abstimme. «

Im Idealfall können Sie sich diese Kräutermischung aus frischen Kräutern, die Sie an der Luft trocknen, selbst zusammenstellen. Dazu die frischen Blätter an einem schattigen, trockenen und warmen Ort auf Küchenpapier streuen und 2–3 Tage trocknen lassen. Anschließend die Blätter oder Nadeln von den Stängeln streifen und fein hacken. Die Mischung am besten luftdicht aufbewahren.

Falls es Ihnen nicht möglich ist, die Kräuter selbst zu trocknen, können Sie die Kräutermischung aus bereits getrockneten Kräutern zusammenstellen:

3 EL getr. Basilikum
1 ½ EL getr. Majoran
1 ½ EL getr. Thymian
1 EL getr. Rosmarin
1 EL getr. Oregano
½ TL getr. Salbei

Olivenöl

Wie überzeugt bereits die antiken Römer von der Kraft des Olivenöls waren, zeigen zahlreiche Aufzeichnungen. So wurde das kostbare Elixier nicht nur als Nahrungs-, sondern auch als Heilmittel verwendet, die Oliven erfuhren eine regelrechte Verehrung. Doch geht die Produktion von Olivenöl bis ins 6. Jahrtausend v. Chr. zurück.

Bei der Qualität des Öls spielt neben der Qualität der Olive auch der Zeitpunkt der Olivenernte eine wichtige Rolle. Die Erntezeit beginnt, wenn die Oliven eine grüne bis rotviolette Farbe annehmen. Je früher die Ernte stattfindet, desto intensiver ist der Geschmack der Oliven. So trägt ein Olivenbaum bis zu 300 kg Oliven, für 1 l Öl benötigt man etwa 5 kg Oliven.

Die EU teilt die Qualität der Olivenöle in acht Kategorien ein. Bei einem Olivenöl mit der Bezeichnung „Nativ Extra" müssen die Oliven direkt nach der Pflückung auf mechanischem Weg kalt gepresst werden und dürfen keine chemischen Zusätze erhalten. Die Kaltpressung bedeutet, dass die Herstellung des Öls ohne jegliche Wärmezufuhr (nicht über 27 °C) erfolgen muss.

Olivenöl der zweiten Güteklasse nennt man „Olio Vergine". Die verwendeten Oliven sind meist leicht beschädigt und das Öl ist geschmacklich in der Regel etwas milder als beim Nativ Extra. Alle Olivenöle mit einer anders lautenden Produktbezeichnung, wie zum Beispiel das Lampenöl oder Tresteröl, sind qualitativ minderwertiger und müssen raffiniert werden. Ich empfehle Ihnen immer ein würziges Olivenöl.

In der ländlichen Gegend um Verona isst man traditionell nicht nur die Brokkoli-Röschen, sondern auch die Blätter und zarten Stängel. Sie haben ein Aroma ähnlich grünem Spargel – ein wahrer Genuss. Das Rezept lässt sich jedoch nur nachkochen, wenn man auf dem Markt jungen, ganz frischen Brokkoli findet.

BROKKOLI HÄHNCHEN Salat

4 PERSONEN

Der Pastasalat ist eine Homage an die Stadt Verona. Nicht weil dort in der Arena jedes Jahr wieder die größten Opernstars ihr Bestes geben, sondern weil vor den Toren der Stadt das Hauptanbaugebiet Europas für Brokkoli liegt. Zusammen mit Zitronenthymian und gebratenem Hähnchen gibt der grüne Kohl ein hervorragendes Trio ab.

ZUTATEN

500 g Tortiglioni
Salz
4 EL weißer Balsamicoessig
5 EL würziges Olivenöl
1 EL Honig
schwarzer Pfeffer, frisch gemahlen
3 EL Pistazien-Thymian-Pesto (Rezept siehe Seite 153)
1 Brokkoli
400 g Hähnchenbrustfilet
einige Blätter Rucola
50 g Parmesan, gerieben
4 TL Ricotta
2 EL Mandelblättchen

ZUBEREITUNG

Die Nudeln in reichlich Salzwasser nach Packungsanweisung 7–9 Minuten bissfest garen.

Inzwischen für das Dressing Essig, 3 EL Olivenöl, Honig, Salz und Pfeffer kräftig mit einem Schneebesen verrühren und das Pesto untermischen.

Die Nudeln in ein Sieb abgießen, kurz mit kaltem Wasser abschrecken und mit der Pesto-Dressing-Mischung in eine große Schüssel geben und alles gründlich durchmischen.

Den Brokkoli putzen, waschen und in Röschen teilen (versuchen Sie, diese etwa gleich groß zu schneiden, damit sie beim Blanchieren gleichzeitig fertig sind). In einem Topf reichlich Salzwasser aufkochen, zum Blanchieren eine große Schüssel mit kaltem Wasser und einigen Eiswürfeln bereitstellen. Die Brokkoli-Röschen im kochenden Wasser etwa 4 Minuten garen. Danach mit einer Schaumkelle herausnehmen, sofort ins Eisbad geben und darin 30 Sekunden abkühlen lassen.

In einer Pfanne die übrigen 2 EL Olivenöl erhitzen. Die Hähnchenbrust waschen, trocken tupfen, leicht salzen und in der Pfanne einige Minuten von beiden Seiten braten, bis das Fleisch gut durch ist. Anschließend herausnehmen und in schmale Streifen schneiden. Den Rucola waschen, trocken tupfen und grob hacken, dabei grobe Stiele entfernen.

Zuerst Parmesan, Ricotta und Rucola zu den angemachten Nudeln geben und untermischen. Dann die Hähnchenbrust und den Brokkoli vorsichtig unterheben. Zuletzt mit den Mandelblättchen garnieren.

ARTISCHOCKEN Kichererbsen SALAT

4 PERSONEN

Dieser Salat ist eine erfrischende, gesunde und zugleich sättigende Hauptspeise – eignet sich aber genauso als Beilage. Im Kühlschrank hält er sich hervorragend 1 Woche.

ZUTATEN

- 2 kleine Dosen Kichererbsen (à ca. 200 g)
- 6 eingelegte Artischockenherzen (in Lake oder Öl)
- 2 Handvoll halbgetrocknete Tomaten (in Öl eingelegt)
- 1 frische rote Chilischote
- 1 Zitrone
- 2 Knoblauchzehen, gepresst
- 6 EL Balsamicoessig
- Salz
- schwarzer Pfeffer, frisch gemahlen
- 8 EL würziges Olivenöl
- 2 Handvoll Petersilie, gehackt

ZUBEREITUNG

Die Kichererbsen in einem Sieb gründlich abbrausen, bis das Einlegewasser komplett abgewaschen ist. Anschließend gut abtropfen lassen.

Die Artischockenherzen abtropfen lassen und vierteln. Die getrockneten Tomaten abtropfen lassen und in 2 cm dicke Streifen schneiden. Die Chilischote längs halbieren, entkernen, waschen und klein hacken. Die Zitrone halbieren und auspressen.

Für das Dressing Zitronensaft, Chili, Knoblauch, Balsamico, Salz und Pfeffer verrühren. Das Olivenöl so lange unterschlagen, bis eine cremige Soße entstanden ist.

Kichererbsen, Artischocken, Tomaten und Petersilie unter das Dressing mischen. Den Salat durchheben und vor dem Servieren noch 30 Minuten ziehen lassen.

Pesto MOZZARELLA SALAT

4 PERSONEN

» Dieser schnelle Tricolore-Salat vereint das Beste Italiens: Mozzarella, Tomaten, Basilikum und Pasta! Ich empfehle auf den Punkt gereifte Tomaten, fassgereiften Balsamico und würziges, extra natives Olivenöl – den Unterschied werden Sie schmecken. Da der Salat im Geschmack ausgewogen und angenehm aromatisch ist, können Sie ihn auch gut zu gegrilltem Fleisch servieren. «

ZUTATEN

500 g Penne
Salz
200 g Kirschtomaten
100 g halbgetrocknete Tomaten (in Öl eingelegt)
½ Bund Basilikum
400 g Mini-Mozzarellakugeln
2 EL Pinienkerne
Crema Balsamico (Rezept siehe Seite 159)

Für das Pesto-Dressing

½ Bund Basilikum
4 EL weißer Balsamicoessig
100 ml würziges Olivenöl
100 g Parmesan, gerieben
1 EL Honig
1 Knoblauchzehe, geschält
Salz
schwarzer Pfeffer, frisch gemahlen

ZUBEREITUNG

Die Nudeln in reichlich Salzwasser nach Packungsanweisung 7–9 Minuten bissfest garen.

Inzwischen für das Pesto-Dressing alle Zutaten in einem hohen Rührbecher mit dem Stabmixer fein pürieren.

Die Nudeln in ein Sieb abgießen, kurz mit kaltem Wasser abschrecken und anschließend mit dem Pesto-Dressing in eine große Schüssel geben und vermischen.

Die Kirschtomaten waschen und halbieren. Die eingelegten Tomaten abtropfen lassen und in dünne Streifen schneiden. Das Basilikum waschen, trocken tupfen und grob hacken. Die Mozzarellakugeln abtropfen lassen und mit beiden Tomatensorten und Basilikum unter die angemachte Pasta mischen.

Die Pasta auf Teller oder Schüsseln verteilen und mit Pinienkernen und etwas Crema Balsamico garnieren. Dazu passt am besten frisches Brot.

Salami Orecchiette Salat

4 Personen

Aromatisch, mediterran und frisch. Der Pastasalat ist unwiderstehlich lecker. Orechiette, die kleinen Öhrchen aus Sardinien, sind wie gemacht für diesen Salat, da das Dressing an ihnen besonders gut haftet. Der Salat hält sich hervorragend einige Tage im Kühlschrank.

ZUTATEN

500 g Orecchiette

Salz

300 g Mailänder Salami (in Scheiben, nach Belieben die scharfe Salsiccia Picante)

1 Knoblauchzehe

200 g halbgetrocknete Tomaten (in Öl eingelegt)

je 1 rote und orangene Paprikaschote

1 Bund Rucola

1 EL Kapern

1 Handvoll schwarze Oliven (in Scheiben)

2 EL getrocknete Röstzwiebeln

Crema Balsamico (Rezept siehe Seite 159)

Für das Dressing

4 EL Balsamicoessig

6 EL würziges Olivenöl

2 TL scharfer Senf

1 EL Honig

1 EL italienische Kräuter (siehe Seite 75)

Salz , schwarzer Pfeffer, frisch gemahlen

ZUBEREITUNG

Die Nudeln in reichlich Salzwasser nach Packungsanweisung 6–8 Minuten bissfest garen.

Inzwischen für das Dressing alle Zutaten kräftig mit einem Schneebesen verrühren.

Die Nudeln in ein Sieb abgießen, kurz mit kaltem Wasser abschrecken und anschließend mit dem Dressing in eine große Schüssel geben und gründlich mischen.

Die Salamischeiben in 1 cm dicke Streifen schneiden. Den Knoblauch schälen und möglichst fein hacken. Die Tomaten abtropfen lassen. Die Paprika längs halbieren, entkernen, waschen und in kleine Würfel schneiden. Den Rucola waschen, trocken tupfen und grob hacken, dabei grobe Stiele entfernen.

Salami, Knoblauch, Tomaten, Paprika, Rucola, Kapern, Oliven und Röstzwiebel unter die angemachten Nudeln mischen. Den Pastasalat auf Teller oder Schüsseln verteilen und, mit Crema Balsamico garniert, servieren. Dazu passt frisches Weißbrot.

italo
it Taxi

SALVIA e Pollo SALAT

4 PERSONEN

Nudelsalat ist hierzulande eher als klassische Grillbeilage oder Picknickgericht bekannt. Aber was auf den Straßen Italiens angeboten wird, spielt in einer ganz anderen Liga – überzeugen Sie sich selbst!

ZUTATEN

500 g Tortiglioni
Salz
6 Stängel Salbei
200 ml Sonnenblumenöl
400 g Hähnchenbrustfilet
1 große Zucchini
1 Knoblauchzehe
1 rote Chilischote
50 g Parmesan, gerieben
4 TL Ricotta
1 TL rosa Pfefferbeeren

Für das Dressing

4 EL weißer Balsamicoessig
6 EL würziges Olivenöl
2 TL scharfer Senf
1 EL Honig
1 EL italienische Kräuter (siehe Seite 75)
Salz
schwarzer Pfeffer, frisch gemahlen

ZUBEREITUNG

Die Nudeln in reichlich Salzwasser nach Packungsanweisung 7–9 Minuten bissfest garen. Inzwischen für das Dressing alle Zutaten kräftig mit einem Schneebesen verrühren.

Die Nudeln in ein Sieb abgießen, kurz mit kaltem Wasser abschrecken und anschließend mit dem Dressing in eine große Schüssel geben und gründlich mischen.

Den Salbei waschen, trocken tupfen und die Blätter abzupfen. In einer Pfanne das Sonnenblumenöl auf etwa 180 °C erhitzen und die Salbeiblätter darin unter gelegentlichem Wenden 3–5 Minuten kross braten. Herausnehmen und auf Küchenpapier abtropfen lassen, so bleiben sie schön knusprig.

Die Hähnchenbrust waschen, trocken tupfen und im Salbeifett von beiden Seiten goldbraun frittieren, herausnehmen und kurz abkühlen lassen, anschließend in dünne Streifen schneiden.

Die Zucchini putzen, waschen und in etwa 1 cm dicke Scheiben schneiden. Den Knoblauch schälen und fein hacken. In der gleichen Pfanne die Zucchini auf jeder Seite 2 Minuten anbraten, dabei in der letzten Minute den Knoblauch mitbraten. Die Zucchini herausnehmen und quer in 1 cm dicke Streifen schneiden.

Die Chilischote längs halbieren, entkernen, waschen und klein hacken. Hähnchen, Zucchini, Chili und Parmesan zur angemachten Pasta geben und gut durchmischen. Zum Servieren den Salbei untermischen und den Salat auf Teller oder Schüsseln verteilen, jeweils 1 TL Ricotta daraufgeben und mit den rosa Pfefferbeeren garnieren.

Grüner TORTELLINI SALAT

Sollte keine Zeit sein, die Tortellini selbst zuzubereiten, können Sie auch fertige Pasta verwenden – die sollte am besten nicht getrocknet sein, sondern aus dem Kühlregal kommen.

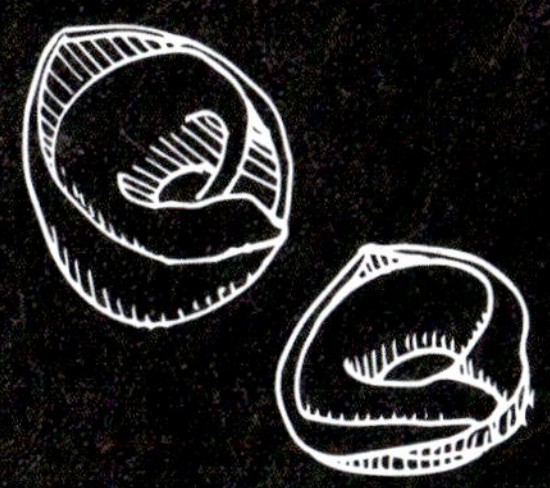

4 PERSONEN

ZUTATEN

600 g Tortellini (z. B. mit Ricotta- oder Spinatfüllung)
Salz
1 Tasse TK-Erbsen
2 Zucchini
200 g italienischer Kochschinken
2 Handvoll Baby-Spinat
1 Knoblauchzehe
10 Basilikumblätter, grob gehackt
Crema Balsamico (Rezepte siehe Seite 159)
1 EL Sesamsamen

Für das Dressing

3 EL Mayonnaise
4 EL Weißweinessig
4 EL würziges Olivenöl
1 TL scharfer Senf
1 EL Honig
1 EL italienische Kräuter (siehe Seite 75)
Salz, schwarzer Pfeffer, frisch gemahlen

ZUBEREITUNG

Die Tortellini in reichlich Salzwasser nach Packungsanweisung 6–8 Minuten bissfest garen.

Inzwischen für das Dressing alle Zutaten kräftig mit einem Schneebesen verrühren.

Die Tortellini in ein Sieb abgießen, kurz mit kaltem Wasser abschrecken und anschließend mit dem Dressing in eine große Schüssel geben und gründlich mischen.

Die Erbsen 5 Minuten auftauen lassen. Die Zucchini putzen, waschen und schräg in 1 cm dicke Scheiben schneiden. In kochendem Salzwasser 2 Minuten blanchieren, kalt abschrecken und abtropfen lassen. Den Schinken in schmale Streifen schneiden. Den Spinat verlesen, waschen und trocken schleudern, grobe Stiele entfernen. Den Knoblauch schälen und möglichst fein hacken.

Zucchini, Schinken, Spinat, Knoblauch, Erbsen und Basilikum mit den angemachten Tortellini mischen. Den Salat auf Teller oder Schüsseln verteilen und mit Crema Balsamico und Sesam garnieren. Dazu passt frisches Brot.

Der Salat hat alles, was uns glücklich macht: herzhaften Schafskäse, würzige Antipasti und sättigende Nudeln. In meinem Streetfood-Restaurant ist er auch „to go“ der Renner. Mit den richtigen Zutaten und etwas Fingerspitzengefühl gelingt er Ihnen aber auch zu Hause und wird Sie begeistern.

ANTIPASTI Schafskäse SALAT

4 PERSONEN

ZUTATEN

500 g Penne
Salz
200 g halbgetrocknete Tomaten (in Öl eingelegt)
je 75 g grüne und schwarze Oliven (in Öl eingelegt)
5 Kapernäpfel
5 Champignons
2 EL Sonnenblumenkerne
1 Bund Petersilie, gehackt
200 g frischer Schafskäse
4 mit Frischkäse gefüllte Mini-Peperoni
Crema Balsamico (Rezept siehe Seite 159)

Für das Dressing

5 EL Balsamicoessig
4 EL würziges Olivenöl
1 TL scharfer Senf
1 EL Honig
1 EL italienische Kräuter (siehe Seite 75)
Salz
schwarzer Pfeffer, frisch gemahlen

ZUBEREITUNG

Die Penne in reichlich Salzwasser nach Packungsanweisung 6–8 Minuten bissfest garen.

Inzwischen für das Dressing alle Zutaten kräftig mit einem Schneebesen verrühren.

Die Penne in ein Sieb abgießen, kurz mit kaltem Wasser abschrecken und anschließend mit dem Dressing in eine große Schüssel geben und gründlich mischen.

Die getrockneten Tomaten abtropfen lassen und in dünne Streifen schneiden. Die Oliven ebenfalls abtropfen lassen. Von den Kapernäpfeln den Stiel entfernen und die Kapernäpfel vierteln. Die Pilze putzen, trocken abreiben und in dünne Scheiben schneiden.

Tomaten, Oliven, Kapern, Champignons, Sonnenblumenkerne und Petersilie mit der angemachten Pasta mischen und den Salat etwa 15 Minuten ziehen lassen.

Zum Servieren den Schafskäse mit den Händen zerbröckeln und vorsichtig unter den Salat mischen. Den Salat auf Teller oder Schüsseln verteilen und mit halbierten Peperoni und etwas Crema Balsamico servieren. Dazu passt frisches Weißbrot.

Je nach Region Italiens werden verschiedene Brotsorten verwendet: Ich habe Panzanella schon mit Ciabatta, Foccacia und Weißbrot gegessen. Als typisches „To-Go"-Gericht auf toskanischen Märkten kommen die am Morgen vorbereiteten, gebackenen Brotwürfel immer erst bei der Bestellung am Verkaufsstand zu den angemachten Tomaten.

TOSKANISCHER Panzanella BROTSALAT

4 PERSONEN

» Wie bei jedem Gericht, bei dem wenige Zutaten benutzt werden, kommt es auch bei diesem auf die Qualität der einzelnen Ingredienzien an: Die Tomaten müssen süß und auf den Punkt gereift sein, da die gerösteten Brotwürfel nur die zweite Geige spielen. Wunderbar eignen sich Brötchen oder Brot vom Vortag. «

ZUTATEN

3 Brötchen oder 250 g Brot vom Vortag
150 ml würziges Olivenöl
3 Knoblauchzehen
30 Kirschtomaten
2 rote Zwiebeln
Salz
150 ml Rotweinessig
3 TL brauner Zucker
schwarzer Pfeffer, frisch gemahlen
1 Bund Basilikum, gehackt

ZUBEREITUNG

Den Backofen auf 140 °C (Ober-/Unterhitze) vorheizen. Brötchen oder Brot in 2 cm große Würfel schneiden, auf einem Backblech verteilen und mit etwas Olivenöl beträufeln. Die Knoblauchzehen andrücken und mit auf das Blech geben. Die Brotwürfel im Ofen goldbraun rösten – das dauert je nach Ofen 20–35 Minuten.

Inzwischen die Tomaten waschen und halbieren. Die Zwiebeln schälen und möglichst fein schneiden. Damit die Schärfe der Zwiebeln etwas gedämpft wird, die Zwiebeln mit etwas Salz bestreuen und 10 Minuten stehen lassen.

Dann die Tomaten mit dem übrigen Olivenöl, Essig und Zucker zu den Zwiebeln in die Schüssel geben. Mit Salz und Pfeffer abschmecken und die Basilikumblätter mit den lauwarmen Brotwürfeln unterheben. Alle Zutaten gut mischen und die Panzanella sofort servieren.

Das Basilikumöl, das für den Salat zubereitet wird, lässt sich ganz einfach herstellen. Reste halten sich leicht gekühlt mehrere Wochen. In eine hübsche Glasflasche verpackt, eignet sich das aromatische Gewürzöl auch wunderbar zum Verschenken!

Nektarinen BÜFFELMOZZARELLA SALAT

4 PERSONEN

ZUTATEN

12 gerade reife Tomaten (am besten verschiedene Sorten wie Marina, Rispen-, Kirsch-, gelbe oder grüne)
4 süße Nektarinen
Saft von ½ Zitrone
4 EL würziges Olivenöl
Salz
schwarzer Pfeffer, frisch gemahlen
500 g Büffelmozzarella
15 rote Basilikumblätter
Balsamicoessig, nach Belieben

Für das Basilikumöl

3 Bund Basilikum
1 Knoblauchzehe
Salz
schwarzer Pfeffer, frisch gemahlen
250 ml würziges Olivenöl

ZUBEREITUNG

Für das Basilikumöl das Basilikum waschen, trocken tupfen und die Blätter abzupfen. Die Knoblauchzehe schälen und mit Basilikum, 1 Prise Salz und Pfeffer in eine Küchenmaschine oder einen Mixer geben. Das Olivenöl hinzufügen und alles fein pürieren.

Die Tomaten waschen und je nach Größe halbieren oder vierteln. Die Nektarinen waschen, der Länge nach halbieren und die Kerne entfernen. Dann die Hälften in je 3 Spalten schneiden und mit den Tomaten in eine große Schüssel geben.

Die Tomaten-Nektarinen-Mischung mit ein paar Tropfen Zitronensaft, Olivenöl, Salz und Pfeffer mischen.

Die Büffelmozzarellakugeln in mittelgroße Stücke reißen und mit dem Nektarinen-Tomaten-Salat auf Tellern anrichten. Die Basilikumblätter waschen, trocken tupfen und darüberstreuen. Zuletzt alles mit etwas Basilikumöl beträufeln und nach Belieben mit 1 Spritzer Balsamicoessig verfeinern. Sofort mit frischem Bauernbrot servieren.

GEGRILLTER Caesar SALAT

4 PERSONEN

Der in den 1930er-Jahren vom Italo-Amerikaner Cesare Cardini kreierte Salat – aus Resten, die in der Küche noch übrig waren – ist nicht nur ein fester Bestandteil der amerikanischen Küche. Auch auf den Straßen Italiens ist er zu Hause. Die Version, den Salat kurz auf dem Grill anzubraten, findet sich vor allem in Mailand.

ZUTATEN

- 1 Knoblauchzehe
- 150 ml würziges Olivenöl
- 6 kleine Salatherzen
- Salz
- schwarzer Pfeffer, frisch gemahlen
- 12 Kirschtomaten
- 100 g Parmesan
- 3 Sardellenfilets (in Öl eingelegt)
- 1 sehr frisches Eigelb
- 1 TL Dijon-Senf
- 4 Brotscheiben
- Saft von ½ Zitrone
- 1 Handvoll Petersilie, gehackt

ZUBEREITUNG

Die Knoblauchzehe schälen, fein hacken und mit dem Olivenöl verrühren. Die Salatherzen der Länge nach halbieren, waschen, trocken tupfen und mit dem Knoblauchöl bestreichen. Mit etwas Salz und Pfeffer würzen. Die Tomaten waschen und halbieren.

Vom Parmesan etwa 1 EL fein reiben, den Rest in Späne hobeln. Die Sardellen abtropfen lassen und möglichst klein hacken. Mit einem Schneebesen Eigelb, Sardellenfilets, Senf und geriebenen Parmesan kräftig verrühren. Nach und nach das übrige Knoblauchöl hinzufügen und die Soße luftig schlagen. Zuletzt Zitronensaft und 1 EL Wasser unterrühren.

Eine Grillpfanne erhitzen und die marinierten Salathälften darin auf der Schnittfläche etwa 2 Minuten bräunen, dann wenden und die andere Seite braten. Den Salat auf Teller verteilen. Die Brotscheiben in der noch heißen Pfanne kurz anrösten.

Zum Servieren die Tomaten zum Salat auf die Teller geben und Dressing, Petersilie und Parmesanspäne darüber verteilen. Das Brot dazulegen und am besten lauwarm genießen.

GRANATAPFEL Rucola SALAT

4 PERSONEN

Die Italiener sind keine Meister des gemischten grünen Salats. Aber die jungen, kreativen Wilden in den Foodtrucks der Metropolen kreieren tolle neue Rezepte, die frisch und aromatisch schmecken und auch zu Hause im Handumdrehen auf dem Tisch stehen.

ZUTATEN

2 Bund Rucola
2 EL Pinienkerne
1 Granatapfel
100 g Parmesan, gehobelt

Für das Dressing

2 EL würziges Olivenöl
5 EL Balsamicoessig
1 EL Dijon-Senf
1 EL Honig
1 TL Salz

ZUBEREITUNG

Den Rucola waschen und trocken tupfen, grobe Stiele entfernen. Die Pinienkerne in einer kleinen Pfanne ohne Fett goldbraun anrösten. Herausnehmen und abkühlen lassen.

Den Granatapfel halbieren und die Kerne auslösen. Dazu am besten den Granatapfel mit der Schnittfläche nach unten auf ein Küchenbrett legen und von oben mit einem Holzkochlöffel daraufklopfen. Bei den ausgelösten Kernen die weißen Fasern entfernen, diese schmecken bitter.

Für das Dressing alle Zutaten gut mischen. Zum Servieren Rucola, Granatapfelkerne und Pinienkerne in eine große Schüssel geben und mit dem Dressing gründlich mischen. Den Salat auf Teller verteilen und großzügig mit den Parmesanspänen bestreuen.

Der ideale Begleiter für diesen Salat wäre frisches, lauwarmes Bauernbrot oder angegrillte Ciabatta-Brotscheiben.

Die Cara-Cara-Orangen, auch Red-Navel genannt, sind im Grunde keine Blutorangen, sondern Navel-Orangen mit rotem Fruchtfleisch. Sie zeichnen sich durch ihr festes Fruchtfleisch und ihren süßen, aromatischen Geschmack aus. Alternativ können Sie auch Blutorangen verwenden, diese sollten dann aber leicht gezuckert werden, um die gewünschte Süße der Frucht zu erreichen.

SIZILIANISCHER BLUTORANGEN Salat

4 PERSONEN

» Das kompromisslose und lebendige Rezept aus Sizilien mit Blutorangen, Minze und roten Zwiebeln kitzelt den Gaumen und erfreut das Auge. Traditionell wird der Salat als Beilage zu Fisch und gebratenem Fleisch serviert, er hat sich aber schon längst auf den Straßen als leichter Snack in den Sommermonaten verbreitet. Diese ungewöhnliche Komposition lebt vor allem von der Frische und Qualität ihrer Zutaten. «

ZUTATEN

4 Cara-Cara-Orangen (alternativ Blutorangen)
½ rote Zwiebel
100 g Pistazien
1 Bund Minze
250 g milder Schafskäse

Für das Dressing

6 EL würziges Olivenöl
1 TL Kümmelsamen
6 EL Rotweinessig
Salz
schwarzer Pfeffer, frisch gemahlen

ZUBEREITUNG

Die Orangen mitsamt der weißen Haut schälen und in dünne Scheiben oder Filets schneiden. Die Zwiebel ebenfalls schälen und in dünne Ringe schneiden. Die Orangen mit der Zwiebel in einer Schüssel vorsichtig mischen und beiseitestellen.

Für das Dressing in einer kleinen Pfanne das Olivenöl erhitzen und den Kümmel darin bei mittlerer Hitze anbraten. Sobald er anfängt zu knistern und sein typisches Aroma verbreitet, den Essig dazugeben und alles noch kurz in der Pfanne schwenken. Die Kümmel-Essig-Mischung mit etwas Salz und Pfeffer würzen und über die Orangen geben.

Die Pistazien leicht zerdrücken. Die Minze waschen, trocken tupfen und grob hacken. Den Schafskäse je nach Konsistenz zerbröseln oder in etwa 1 cm große Würfel schneiden. Zum Servieren Pistazien, Minze und Schafskäse über den Salat streuen.

Die süß-sauren Antipasti – die Caponata – sind das Aushängeschild der sizilianischen Gemüseküche und zaubern echte Urlaubsgefühle auf den Teller.

SIZILIANISCHE CAPONATA Ratatouille

4 PERSONEN

ZUTATEN

3 mittelgroße Auberginen
500 ml Sonnenblumenöl
4 Stangen Staudensellerie
2 rote Zwiebeln
5 EL würziges Olivenöl
250 g grüne Oliven (entsteint)
100 g Kapern
150 g Tomatenmark
150 ml Balsamicoessig
5 EL Zucker
1 Handvoll Mandeln
1 Bund Basilikum, gehackt

ZUBEREITUNG

Die Auberginen waschen, in etwa 2 cm große Würfel schneiden und etwa 15 Minuten ruhen lassen.

Das Sonnenblumenöl in einer tiefen Pfanne oder einem Wok erhitzen und die Auberginenwürfel darin frittieren. Anschließend herausnehmen und auf Küchenpapier abtropfen lassen.

Die Selleriestangen waschen und ebenfalls in 2 cm große Würfel schneiden. Die Zwiebeln schälen und in feine Ringe schneiden. Das Olivenöl in einer Pfanne erhitzen und die Zwiebelringe darin anbraten. Sobald sie leicht goldbraun werden, den Sellerie 2 Minuten mitgaren.

Die Oliven und Kapern abtropfen lassen und zum Zwiebel-Sellerie-Mix geben. Tomatenmark, Essig und Zucker hinzufügen, alles mit 100 ml Wasser ablöschen und etwa 20 Minuten köcheln lassen. Inzwischen die Mandeln grob hacken.

Die frittierten Auberginen unter das Gemüse rühren. Zum Servieren die gehackten Mandeln und das Basilikum über die Caponata geben.

LAUWARMER Tomaten SALAT

4 PERSONEN

Der Salat ist mir in jeder Region Italiens begegnet. Dabei variieren jeweils die Sorte der Tomaten und das Brot, das dazu serviert wird. Dieses sehr unkomplizierte Rezept überrascht mit seinen Aromen und ist sowohl als leichte Hauptspeise als auch als Beilage zum Beispiel zu Grillfleisch unschlagbar. Als fertiges Gericht kann der Salat im Kühlschrank wie Antipasti aufbewahrt werden.

ZUTATEN

250 ml würziges Olivenöl
1 ½ kg Tomaten (gerne buntgemischte Sorten)
Salz
schwarzer Pfeffer, frisch gemahlen
4 Knoblauchzehen
8 Zweige Thymian
100 g Pinienkerne
4 große Scheiben helles Bauernbrot, Focaccia oder Ciabatta
1 Bund Basilikum
5 EL schwarze Oliven
100 ml Balsamicoessig
5 EL Zucker
50 g Grana Padano, gehobelt

ZUBEREITUNG

Ein Backblech leicht mit etwas Olivenöl einfetten. Die Tomaten waschen, kleine Tomaten halbieren, größere vierteln. Die Tomatenstücke mit der Schnittfläche nach oben auf dem Backblech verteilen, mit etwa 8 EL Olivenöl beträufeln und mit etwas Salz und Pfeffer würzen.

Den Knoblauch schälen und in dünne Scheiben schneiden. Den Thymian waschen, trocken tupfen und die Blättchen abzupfen. Die Tomaten mit Knoblauch und Thymian bestreuen und im Ofen bei 100 °C (Umluft) etwa 1 Stunde 20 Minuten garen.

Inzwischen eine Pfanne mit 2 EL Olivenöl erhitzen und die Pinienkerne darin rösten, herausnehmen und abkühlen lassen. Danach die Brotscheiben in der Pfanne von beiden Seiten goldbraun rösten, vom Herd nehmen. Das Basilikum waschen, trocken tupfen, die Blätter abzupfen und in grobe Stücke zupfen.

Die Tomaten aus dem Ofen nehmen und kurz abkühlen lassen. Dann mit Pinienkernen, Oliven und Brot auf einer Platte anrichten. Den entstandenen Sud der Tomaten für das Dressing mit Essig, den restlichen 10 EL Olivenöl, Zucker und etwas Salz und Pfeffer verrühren. Das Dressing mit dem Basilikum über den gebackenen Tomaten verteilen und alles mit Grana Padano bestreuen.

ROSMARIN Grissini

40 STÜCK

» Der ideale Snack, um beim Schlendern durch die Straßen etwas zu knabbern. Aber auch als Beilage und Brotersatz haben sich die langen Brotstangen etabliert. Das Grissini-Rezept können Sie anstatt mit Rosmarin auch mit Fenchelsamen, Thymian, Oregano, Kümmel, Mohn, Sesam oder Chiliflocken zubereiten. «

ZUTATEN

½ Würfel Hefe (21 g)

500 g Weizenmehl (Type 405) und etwas zum Arbeiten

1 TL Salz

100 ml würziges Olivenöl

2 EL Rosmarinnadeln, fein gehackt

ZUBEREITUNG

In einer großen Schüssel die Hefe mit 275 ml lauwarmen Wasser unter Rühren auflösen. Mehl, Salz und Olivenöl dazugeben und alles mit den Händen oder den Knethaken der Küchenmaschine zu einem glatten, elastischen Teig verkneten. Den Teig zugedeckt an einem warmen Ort 30 Minuten gehen lassen.

Danach den Teig nochmals kurz durchkneten und die Rosmarinnadeln einarbeiten. Dann mit dem Nudelholz auf wenig Mehl zu einem etwa 1 cm dicken Rechteck ausrollen und zugedeckt nochmals 15 Minuten gehen lassen.

Den Backofen auf 200 °C (Ober-/Unterhitze) vorheizen. Zwei Backbleche mit Backpapier auslegen. Die Teigplatte zuerst quer halbieren, dann jede Hälfte in 1 cm breite Streifen scheiden. Die Teigstreifen an beiden Enden mit Daumen und Zeigefinger fassen, in der Luft in die Länge ziehen und drehen, dann auf die Bleche legen. Die Grissini im Ofen auf der mittleren Schiene nacheinander jeweils 15 Minuten backen.

Anschließend die Temperatur auf 50 °C reduzieren und die Grissini bei leicht geöffneter Ofentüre noch etwa 30 Minuten trocknen lassen. So gehen Sie sicher, dass auch die letzte Feuchtigkeit aus den Grissini entweicht und sie wunderbar knusprig werden. Die Grissini sind in einer luftdichten Dose oder Glas mehrere Monate haltbar.

Zucchini ist ein
Gericht, dass es von der typischen Vorspeise in die Verkaufsstände und Streetfood-Wägen geschafft hat. Sie wird knusprig und heiß in Papierspitztüten mit kleinen Plastikgabeln serviert. Für die Zubereitung braucht man nicht viel, wird aber mit einem leichten, gesunden und leckeren Snack belohnt. Als Beilage reicht die Menge hier auch für 4 Personen.

Gebackene ZUCCHINI

2 PERSONEN

ZUTATEN

- 2 große Zucchini
- 200 g Semmelbrösel
- 200 g Parmesan, gerieben
- 3 EL würziges Olivenöl
- ½ TL Salz

ZUBEREITUNG

Den Backofen auf 220 °C (Ober-/Unterhitze) vorheizen. Zwei Backbleche mit Backpapier auslegen. Die Zucchini waschen, trocken tupfen und schräg in etwa 1,5 cm dicke Scheiben schneiden (dafür am besten einen Gemüsehobel verwenden). In einer Schüssel die Semmelbrösel und den Parmesan mischen.

Die Zucchinischeiben in eine große Schüssel geben und mit Olivenöl und Salz mischen. Die Scheiben einzeln in der Parmesan-Brösel-Mischung wenden, nebeneinander auf das Backblech legen und im Ofen etwa 20 Minuten backen. (Ich empfehle Ihnen, die Zucchini nach der Hälfte der Backzeit vorsichtig zu wenden, sodass sie von beiden Seiten braun und knusprig wird.)

Anstatt der Zucchini können Sie auch Auberginen auf diese Art zubereiten. Am besten aber die doppelte Menge an Olivenöl verwenden und die Auberginenscheiben im Ofen etwas länger backen.

TIPP

Herrlich schmeckt ein Dip aus Sourcream mit Kräutern dazu! Aber auch als Belag auf einem frischem Weißbrot macht sich die gebackene Zucchini sehr gut!

2Cultu
scuola

ultura

FRITTIERTER Salbei & SARDELLEN

12 STÜCK

Die Antipasti garantieren eine Geschmacksexplosion auf Ihrem Gaumen. Schnell zubereitet und aus einfachsten Zutaten – so macht die italienische Street-food-Küche Spaß!

ZUTATEN

125 g Sardellenfilets (in Öl eingelegt)

24 große Salbeiblätter mit Stängeln

1 l Sonnenblumen- oder Rapsöl

125 g Weizenmehl (Type 405)

125 ml gut gekühltes Bier

1 Eigelb

Meersalz

ZUBEREITUNG

Die Sardellen abtropfen lassen, abbrausen und mit Küchenpapier trocken tupfen, dann möglichst fein hacken. Die Salbeiblätter waschen, trocken tupfen und mit der Blattoberfläche nach oben auf der Arbeitsfläche verteilen. Die Sardellen in der Mitte der Blätter verteilen, jeweils mit einem leeren Salbeiblatt bedecken und leicht zusammendrücken.

Das Öl in einem Topf oder einer Fritteuse auf etwa 180 °C erhitzen. Das Mehl mit Bier und Eigelb mit einem Schneebesen zu einem zähflüssigen Teig verrühren.

Die Salbei-Sandwichs mit den Fingern gut zusammendrücken und durch den Bierteig ziehen. Portionsweise vorsichtig ins heiße Öl gleiten lassen und darin 3–5 Minuten goldbraun ausbacken. Sobald sie auf dem Öl schwimmen, gehen sie nicht mehr auf und kleben fest zusammen. Danach aus dem Öl nehmen und auf Küchenpapier abtropfen lassen.

Die frittierten Salbei-Sandwichs mit etwas Meersalz bestreuen und am besten lauwarm servieren. Die Blattstiele sehen dabei nicht nur toll aus, sondern dienen zugleich als natürlicher Griff.

Die „patate fritte" sind ein typisches Produkt der neuen Streetfood-Bewegung Italiens. Sie vereinen qualitativ hochwertige Zutaten mit einem bereits bekannten Produkt und erfinden es so wieder neu. Die „Fritten" schmecken herrlich als kleiner Snack mit den verschiedensten Soßen. Pestos und Pasten. können aber auch die krönende Beilage zu vielen Fleischgerichten sein.

ITALIENISCHE GOURMET Fritten

35 STÜCK

ZUTATEN

250 ml Milch
2 Knoblauchzehe, fein gehackt
325 g Polenta
5 EL Parmesan, gerieben
2 EL Butter
200 g Ricotta
2 EL Rosmarinnadeln, gehackt
Meersalz
4 EL würziges Olivenöl

ZUBEREITUNG

In einem mittelgroßen Topf 500 ml Wasser mit Milch und Knoblauch zum Köcheln bringen. Die Polenta in die Flüssigkeit einrühren und alles unter Rühren etwa 7 Minuten zu einem dicken Brei köcheln lassen. Danach den Parmesan, die Butter und den Ricotta unterrühren.

Die Arbeitsfläche mit Frischhalte- oder Alufolie auslegen und die Polenta darauf etwa 1 cm hoch verteilen. Mit dem gehackten Rosmarin und dem Meersalz bestreuen und mit beiden Händen leicht in die Polenta drücken. Die Masse etwa 45 Minuten eindicken lassen.

Dann den Backofen auf 200 °C vorheizen. Zwei Backbleche mit Backpapier auslegen und mit etwas Olivenöl leicht einfetten. Die Polenta in etwa 1,5 cm dicke Streifen schneiden, nebeneinander auf dem Blech verteilen und mit dem übrigen Olivenöl beträufeln. Die Fritten im Ofen etwa 20 Minuten goldbraun backen, dann wenden und noch weitere 15 Minuten auf der anderen Seite knusprig backen. Herausnehmen und sofort servieren.

PASTA

GUT ZU WISSEN

» Bei Pasta, Gnocchi und Polenta handelt es sich um typische „primi piatti“, also Gerichten, die erst mal satt machen sollen, bevor dann die feinen Gänge mit Fleisch und Fisch serviert werden. Man kann Nudeln übrigens historisch sogar als einen der ersten Vertreter des Fingerfoods betrachten. Wer kennt nicht das Bild vom Maccheroni-Esser aus Neapel, der einfach mit der Hand in die Pasta langt und herzhaft zubeißt? «

Penne, tagliatelle, spirelli – heutzutage herrscht in Italien die große Pasta-Vielfalt hinsichtlich der Formen, eine kleine Auswahl stelle ich Ihnen auf den nächsten Seiten vor. Wer den Pastateig selbst machen möchte, findet ein Grundrezept am Ende des Buchs. Die Mühe lohnt sich, das verspreche ich Ihnen!

4

Pasta
GNOCCHI
POLENTA

PABLO PANINI

Orecchiette

WARENKUNDE PASTA

Traditionell gibt es in Italien zwei Arten, Pasta herzustellen. Im Süden Italiens verwendet man lediglich feinen Hartweizengrieß (semola di grano duro), eine Prise Salz und Wasser. Da dieser Weizengrieß an sich sehr proteinhaltig ist, benötigt man kein zusätzliches Ei für den Grundteig.

Hingegen wird im Norden des Landes anstatt von Hartweizengrieß Weichweizenmehl (farina di grano tenero) verwendet. Dieses macht die Zugabe von Eiern nötig und verleiht dem Teig eine sattere, gelbe Farbe und einen intensiveren Geschmack. Bei der Teigvariante mit Ei wird kein Salz hinzugefügt, da dieses die Bindeeigenschaften der Eier zerstören würde.

Wer Lust hat, die Nudeln zu färben, kann zusätzlich Extrakte aus Spinat, Kurkuma, Roter Bete oder der Tintenfischtinte unter den Nudelteig mischen.

PASTA SORTEN

Nichts ist italienischer als Pasta. Doch gibt es so viele verschiedene Sorten, dass man schon mal den Überblick verlieren kann. Auch passt nicht jede Nudelform zu jedem Gericht oder zu jeder Soße. Hier eine Übersicht über die wichtigsten Pasta-Sorten.

PENNE (KAMPANIEN)

Dieses glatte oder geriffelte Allroundtalent ist an den Enden schief angeschnitten. Egal, zu welcher Soße, welchem Pastasalat oder ob überbacken, mit dieser Nudelsorte kann man fast nichts falsch machen.

FUSSILI (MOLISE)

Diese Pasta ist wie kleine Spiralen geformt. Die Fussili passen toll zu allen vegetarischen Soßen und sind auch für Pastasalate gut geeignet, da sich das Dressing und die Gewürze wunderbar in die Rillen der Nudel legen.

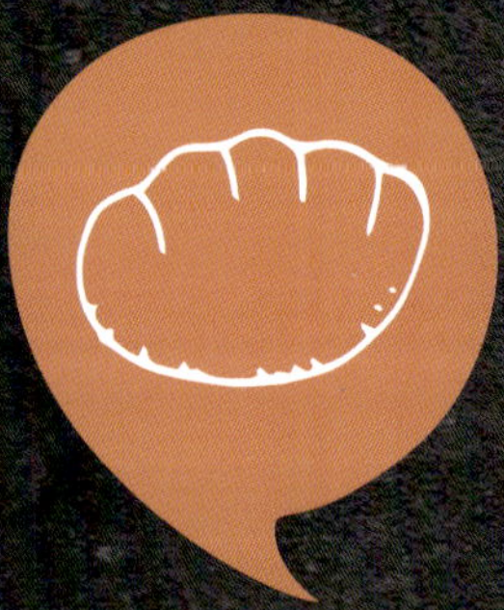

GNOCCHI

Weich, teigig und unglaublich lecker. Diese italienischen Nocken werden meist als erster Gang eines Menüs serviert und bestehen meist aus Kartoffeln, werden jedoch auch mit Grieß oder Mehl angeboten. Der Name leitet sich vom Wort „Gnocco" ab, was so viel bedeutet wie „Idiot".

CANNELLONI (NEAPEL)

Diese zylinderförmige Pasta ist zum Füllen gemacht. Ideal dafür sind Ricotta, Spinat und Hackfleisch. Das italienische Wort bedeutet „lange Schilfhalme".

TAGLIATELLE (EMILIA-ROMAGNA)
Die aus der Renaissance stammende, italienische Version der Bandnudeln ist wie ein langes, flaches Band geformt und mit 5–10 mm etwas feiner als Fettuccine.

RAVIOLI (LIGURIEN)
Ähnlich wie Tortellini und Cappelletti gehören Ravioli zu den gefüllten Nudelsorten. In der Größe der Teigquadrate ist von 2–10 cm alles möglich. Die Soße sollte mit der Füllung abgestimmt sein. Hausgemacht schmecken die gegarten Ravioli aber auch ohne Soße und einfach kurz in heißem Olivenöl oder Butter geschwenkt.

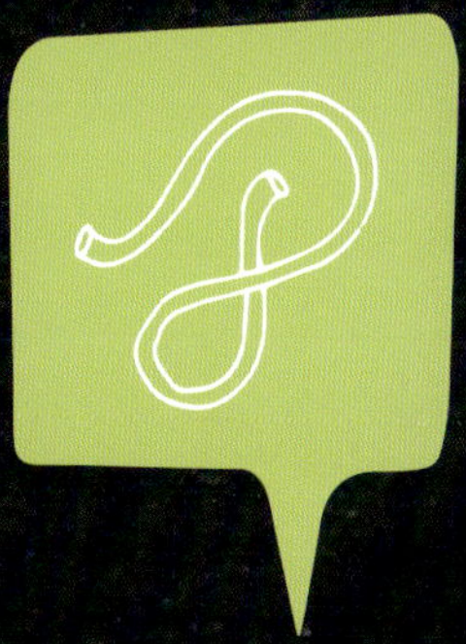

SPAGHETTI (SIZILIEN)
Aus dem südlichsten Zipfel Italiens stammt die bekannteste Pasta der Welt. Abgeleitet vom Wort „Spago" (Schnur) wird diese Nudelsorte vor allem mit Tomatensoßen – egal, ob vegetarisch oder mit Fleisch – serviert. Ihre kleine Schwester, die „Spaghettini" sind dünner und haben dadurch auch eine kürzere Kochzeit.

FREGOLA (SIZILIEN)
Hierfür dreht man den Teig zu kleinen Kügelchen und röstet sie im Ofen, wodurch die Pasta unbegrenzt haltbar ist. Die Fregola eignet sich für Eintöpfe und kräftige Suppen, z. B. mit Kichererbsen und Pancetta.

DAS BEDEUTEN DIE ENDUNGEN IN DEN PASTANAMEN:

-elle: breit, zum Beispiel Tagliatelle

-ette: schmal oder klein, zum Beispiel Orecchiette

-ine/-ini: klein, zum Beispiel Spaghettini, Tortellini

-oni: groß, zum Beispiel Cannelloni, Tortelloni

rigate: geriffelt, zum Beispiel Penne rigate

lisce: glatt, zum Beispiel Penne lisce

mezze: abgeschnitten, verkürzt (wörtlich: „halbe"), z.B. Mezze penne rigate

Puristen aus Apulien versichern, dass für das Originalrezept kein Käse vorgesehen ist. Aber nach weit verbreiteter Sitte und auch meiner Meinung nach gibt der Pecorino dem Gericht erst den letzten Schliff.

APULISCHE ORECCHIETTE *alle Cime di Rapa*

4 PERSONEN

Dieses Nudelgericht ist eines der wenigen, das es geschafft hat, sich in der Streetfood-Szene zu etablieren. Die „Cime di rapa" sind eine würzig, leicht bitter schmeckende Brokkoli-Art. Hierzulande bekommt man sie meist in nur italienischen oder türkischen Geschäften. Die Orecchiette (ital. „Öhrchen") stammen aus Apulien – sie sind das kulinarische Aushängeschild der Stadt Bari.

ZUTATEN

800 g Cime di rapa (ersatzweise Brokkoli-Röschen)
Salz
350 g Orecchiette
2 Knoblauchzehen
1 grüne, mittelscharfe Chilischote
5 Sardellenfilets (in Öl eingelegt)
100 ml würziges Olivenöl
schwarzer Pfeffer, frisch gemahlen
100 g Pecorino, gehobelt

ZUBEREITUNG

Die Cime di rapa putzen, dazu die harten Blätter und Stängel entfernen. Je nach Jahreszeit und Region kann das Gemüse sandig sein, daher am besten unter fließendem kalten Wasser waschen. 4 Blätter zum Garnieren beiseitelegen.

In einem Topf ausreichend Salzwasser aufkochen. Die Orecchiette darin etwa 8 Minuten garen, dann die Cime di rapa hinzufügen und alles noch 4 Minuten weitergaren. In ein Sieb abgießen und abtropfen lassen.

Die Knoblauchzehen schälen und in dünne Streifen schneiden. Die Chilischote längs halbieren, entkernen, waschen und fein hacken. Die Sardellenfilets abtropfen lassen und ebenfalls fein hacken.

Das Olivenöl in einer Pfanne erhitzen und Knoblauch, Chili und Sardellen darin andünsten. Sobald sich die Sardellenfilets aufgelöst haben, abgetropfte Orecchiette und Cime di rapa untermischen und leicht anbraten. Mit Salz und Pfeffer abschmecken.

Die Pasta auf Teller verteilen, mit Pecorino-Spänen bestreuen und mit je 1 Blatt Cime di rapa garnieren.

Ein ideales Herbstgericht! Gerade, wenn Gäste kommen, ist es schnell zubereitet. Und Ihre Gäste können inzwischen einen Rotwein genießen, der hervorragend zu den Gnocchi passt. Ich erzähle dann immer gern von meinen Freunden in der Emilia-Romagna, die das Gericht an jedem Markttag „to go" anbieten – auch wenn sie selbst den Ausdruck „to go" niemals in den Mund nehmen würden.

GNOCCHI AI FUNGHI & Rucola

4 PERSONEN

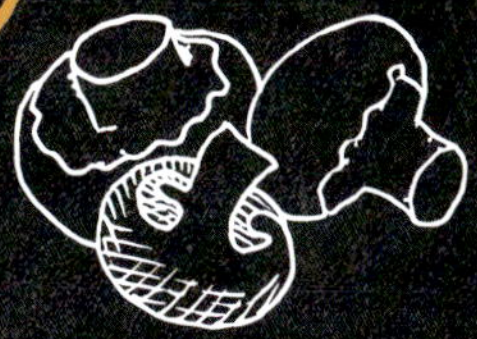

ZUTATEN

125 g Walnusskerne
100 g Parmesan
würziges Olivenöl
1 Knoblauchzehe
Saft von ½ Zitrone
Salz
schwarzer Pfeffer, frisch gemahlen
800 g Gnocchi (Rezept siehe Seite 167)
300 g Pilze (z. B. Champignons, Austernpilze, Kräuterseitlinge oder Steinpilze)
1 EL Butter
1 Bund Rucola
etwas Petersilie, fein gehackt
6 Blätter Basilikum, fein gehackt

ZUBEREITUNG

Die Walnüsse in einer kleinen Pfanne ohne Fett bei mittlerer Hitze rösten. Dann mit dem Parmesan, 6 EL Olivenöl, geschältem Knoblauch, Zitronensaft, 1 Prise Salz und Pfeffer im Mixer so lange pürieren, bis eine homogene, grobkörnige Masse entstanden ist.

In einem großen Topf ausreichend Salzwasser aufkochen und die Gnocchi darin so lange garen, bis sie nach oben steigen. In ein Sieb abgießen, abtropfen lassen und beiseitestellen.

Die Pilze putzen, trocken abreiben und in Scheiben schneiden. Die Butter in einer hohen Pfanne erhitzen und die Pilze darin einige Minuten goldbraun anbraten. Die abgetropften Gnocchi zu den Pilzen geben.

Anschließend die Hälfte des Walnusspestos mit einem Pfannenwender vorsichtig unterheben und alles bei mittlerer Hitze unter vorsichtigem Rühren garen – die Gnocchi sollen mit den Pilzen eine goldbraune Farbe und knusprige Textur bekommen.

Zum Servieren den Rucola verlesen, waschen und trocken tupfen, grobe Stiele verlesen. Mit Petersilie und Basilikum unter die Gnocchi ziehen und die Gnocchi auf Teller verteilen. Das übrige Pesto in der noch heißen Pfanne mit etwa 100 ml Wasser zu einer sämigen Soße verrühren und über die Gnocchi geben.

Dieses Rezept stammt aus der 800-Seelen-Gemeinde Lequio Tonaro in der Provinz Cuneo im Piemont, welches ich bei einer Reise von Turin zu einem Weingut nach Barolo entdeckt habe. Laut historischer Aufzeichnungen ist der Mais in der Lombardei im frühen 16. Jahrhundert angekommen. Von dort gelangte er in kürzester Zeit auch ins Piemont und ist dort heute aus der ländlichen Küche nicht mehr wegzudenken.

HAUSGEMACHTE POLENTA IM Maisblatt

4 PERSONEN

ZUTATEN

6 frische Maiskolben mit Blättern
1 Zwiebel
1 grüne Chilischote
2 EL Schmalz oder Butter
1 TL Kümmel
Salz
schwarzer Pfeffer, frisch gemahlen
6 Blätter Basilikum, fein gehackt
125 ml Milch
Trüffelöl, nach Belieben

ZUBEREITUNG

Mit einem großen Küchenmesser die Stängel der Maiskolben entfernen. Die breitesten Blätter als Paar auswählen, abtrennen und beiseitelegen. Die Maiskörner vorsichtig mit einem Messer von den Kolben lösen, in einem Sieb waschen und abtropfen lassen. Dann in der Küchenmaschine zu einer homogenen Masse pürieren. In einem Topf beiseitestellen.

Die Zwiebel schälen und in kleine Würfel schneiden. Die Chilischote längs halbieren, entkernen, waschen und möglichst fein schneiden. In einer Pfanne Schmalz oder Butter erhitzen und die Zwiebel mit dem Kümmel darin glasig dünsten. Die Chili, 1 Prise Salz und Pfeffer dazugeben und das Basilikum untermischen.

Die Zwiebelmischung zum pürierten Mais geben, die Milch dazugießen und alles gut mischen. Sollte dieser Mix zu trocken sein, noch etwas Milch dazugeben, sodass eine dickflüssige Masse entsteht.

Jedes Maisblätter-Paar an der breitesten Stelle leicht versetzt übereinander in eine kleine Schüssel legen, damit sie beim Befüllen nicht auslaufen. Je nach Größe der Blätter 3–6 EL Maisbrei in die Mitte jedes Blätterpaars streichen, die Maisblätter wie einen Umschlag zusammenfalten und mit Küchengarn zusammenbinden.

Einen großen Topf zu einem Drittel mit Wasser füllen, leicht salzen und aufkochen. Die gefüllten Maisblätter darin mit geschlossenem Deckel 45 Minuten garen. Herausnehmen und kurz abtropfen lassen. Mit einem Messer an einer Seite öffnen und sofort servieren. Nach Belieben mit etwas Trüffelöl beträufeln.

TIPP

Die Polentataschen sind im Kühlschrank oder sogar eingefroren gut haltbar. Sie schmecken vorzüglich, wenn man sie zum Servieren in der Pfanne oder auf dem Grill 10 Minuten anbrät.

GNOCCHI alla SORRENTINA

4 PERSONEN

Holen Sie sich einen Hauch von Sorrent nach Hause. Wohl jeder italienische Tenor hat einmal im Leben das Lied „Torna a Surriento" gesungen. Es beschreibt das Meer, beschwört die Liebe, erzählt von den Gärten Sorrents – und von seinen Düften. Wer sich dem Duft der Gnocchi alla Sorrentina hingibt, spürt einen Hauch der Magie, die dieses zauberhafte Städtchen nahe der Amalfiküste umweht.

ZUTATEN

1 Zwiebel
2 EL würziges Olivenöl
400 g passierte Tomaten (aus der Dose)
100 g Sahne
Salz
schwarzer Pfeffer, frisch gemahlen
800 g Gnocchi (Rezept siehe Seite 167)
15 Blätter Basilikum, fein gehackt und etwas zum Garnieren
100 g Parmesan, gerieben
150 g Mozzarella, in Würfel geschnitten
etwas Crema Balsamico (Rezept siehe Seite 159) zum Garnieren

ZUBEREITUNG

Die Zwiebel schälen und in Würfel schneiden. Das Olivenöl in einem Topf erhitzen und die Zwiebel darin 2–3 Minuten andünsten. Die Hitze reduzieren und die passierten Tomaten und die Sahne hinzufügen. Alles mit Salz und Pfeffer würzen und 10–15 Minuten köcheln lassen.

Inzwischen die Gnocchi in reichlich Salzwasser weich garen. In ein Sieb abgießen und abtropfen lassen.

Den Backofen auf 180 °C (Ober-/Unterhitze) vorheizen. Das Basilikum ebenfalls zur Tomatensoße geben. Dann die Gnocchi und 2 EL geriebenen Parmesan mit der Soße verrühren.

Die Gnocchi auf vier kleine Auflaufschälchen verteilen und mit übrigem Parmesan und Mozzarella bestreuen. Im Ofen etwa 15 Minuten überbacken, bis der Käse goldbraun zerschmolzen ist.

Aus dem Ofen nehmen und vor dem Servieren kurz abkühlen lassen. Anschließend mit Basilikum und etwas Crema Balsamico garniert servieren.

TIPP

Das Basilikum lässt sich wunderbar durch frische Kräuter wie Salbei, Thymian oder Rucola ersetzen.

GUT ZU WISSEN

Auch Suppen und Eintöpfe lassen sich heutzutage in geeigneten Gefäßen prima als Streetfood anbieten. Zubereitet mit allerlei Gemüse und Hülsenfrüchten sowie Salsiccia, Fleisch oder Fisch, versorgen sie den Körper mit reichlich Energie und eignen sich aufgrund ihrer wärmenden Eigenschaft natürlich eher für die kalten Jahreszeiten im meist heißen Süden. Typisch italienisch: die heiße Suppe oder den heißen Eintopf zum Essen mit Parmesan bestreuen!

Palermo ist für mich einer der schönsten Flecken Italiens. Wo kann man den Blick auf den Ätna besser genießen oder das Treiben auf dem Fischereihafen beobachten? Die Fahrt zum Hafen lohnt sich für diese Suppe – hier finden Sie alle Zutaten für eine original palermitanische Fischsuppe von Seite 125. Der Kürbis in der Fischsuppe mag dem einen oder anderen vielleicht ungewöhnlich erscheinen, gehört aber zu diesem typisch sizilianischen Rezept der Fischer Palermos.

5

SUPPEN & Eintöpfe

In den Genuss dieser rustikalen Bauernsuppe kommt man an kühlen Herbsttagen auf den Marktständen der Toskana. Sie wird traditionell dampfend heiß und bedeckt von geschmolzenem Pecorino serviert. Die Suppe schmeckt am nächsten Tag wieder aufgekocht („ribollita") sogar noch aromatischer. Das Brot können Sie auf Vorrat braten und nach dem Abkühlen luftdicht lagern, so bleibt es schön knusprig.

TOSKANISCHE GEMÜSESUPPE Ribollita

4 PERSONEN

ZUTATEN

1 rote Zwiebel
2 Knoblauchzehen
1 Stange Lauch
1 Fenchenknolle
2 Stängel Staudensellerie
2 Zweige Rosmarin
2 große Kartoffeln
2 mittelgroße Möhren
250 g Kirschtomaten
300 g Grünkohl
3 EL würziges Olivenöl
3 EL Tomatenmark
4 Lorbeerblätter
3 EL Petersilie, fein gehackt
½ Bund Basilikum, fein gehackt, und etwas zum Garnieren
1 EL Thymianblättchen
800 ml Gemüsebrühe
300 g vorgegarte weiße Bohnen (aus der Dose)
Salz
schwarzer Pfeffer, frisch gemahlen
4 Scheiben helles Brot
100 g Pecorino, gerieben

ZUBEREITUNG

Zwiebel und Knoblauch schälen und getrennt in feine Würfel schneiden. Lauch, Fenchel und Sellerie putzen, waschen und klein schneiden. Den Rosmarin waschen und trocken tupfen. Die Kartoffeln und Möhren schälen und in kleine Würfel schneiden. Die Tomaten waschen. Den Grünkohl putzen und waschen.

2 EL Olivenöl in einem großen Topf erhitzen und die Zwiebel darin glasig dünsten. Lauch, Fenchel und Rosmarinzweige dazugeben und alles etwa 5 Minuten andünsten. Kartoffeln, Möhren und Sellerie hinzufügen und weitere 5 Minuten anbraten. Danach das Tomatenmark unterrühren.

Dann Knoblauch, Tomaten, Grünkohl, Lorbeerblätter und Kräuter dazugeben, alles mit Gemüsebrühe aufgießen und kurz aufkochen. Dann die Suppe bei mittlerer Hitze etwa 30 Minuten leicht köcheln lassen.

Inzwischen die Bohnen in einem Sieb abbrausen und abtropfen lassen, die Hälfte zerstampfen, sodass ein grobes Mus entsteht. Das Bohnenmus mit den übrigen Bohnen unter die Suppe rühren und alles mit etwas Salz und Pfeffer würzen. Rosmarinzweige und Lorbeerblätter wieder entfernen und die Suppe noch 5 Minuten köcheln lassen.

Zum Servieren die Brotscheiben mit dem übrigen Olivenöl bestreichen und in einer Pfanne goldbraun rösten. Die Suppe in Schüsseln oder tiefe Teller verteilen, das Brot auf die Seite legen und alles mit viel Pecorino und frischem Basilikum bestreuen.

Original PALERMITANISCHE FISCHSUPPE

4-6 PERSONEN

ZUTATEN

1 rote Zwiebel
2 Knoblauchzehen
1 rote Chilischote
½ Fenchelknolle
2 Stangen Staudensellerie
5 EL würziges Olivenöl und etwas zum Beträufeln
½ Butternusskürbis, geschält und gerieben
1 Msp. Safran
250 ml trockener Weißwein
500 ml Fischbrühe
800 g stückige Tomaten (aus der Dose)
2 EL Tomatenmark
200 g Schwertfisch (alternativ Lachsfilet)
300 g Rotbarben (alternativ Heilbuttfilets)
2 Sardinenfilets
12 rohe geschälte Garnelen oder Langustinenschwänze
Salz
schwarzer Pfeffer, frisch gemahlen
Saft von ½ Zitrone
1 Handvoll Petersilie, fein gehackt

ZUBEREITUNG

Zwiebel und Knoblauch schälen und in feine Würfel schneiden. Chili längs halbieren, entkernen, waschen und fein hacken. Fenchel und Sellerie putzen, waschen und klein schneiden.

Zwiebel, Knoblauch, Chili, Fenchel und Sellerie in einem großen Topf im Olivenöl bissfest garen. Den geriebenen Kürbis und den Safran dazugeben, alles mit Wein und Brühe aufgießen und Tomatenstücke und -mark untermischen. Die Suppe kurz aufkochen, dann bei mittlerer Hitze sanft 30 Minuten köcheln lassen.

Die Fische und Garnelen waschen und trocken tupfen. Dann die Fischfilets grob hacken und mit den Garnelen zur Suppe geben. Alles mit geschlossenem Deckel noch 10 Minuten köcheln lassen. Die Suppe mit Salz, Pfeffer und 1 Spritzer Zitronensaft abschmecken.

Zum Servieren die Fischsuppe in Schalen oder tiefe Teller verteilen, mit etwas Olivenöl beträufeln und mit Petersilie bestreuen. Dann am besten mit frischem Weißbrot und einem leichten Weißwein servieren.

Der Eintopf ist typisch für den Frühherbst in der Toskana. Dann findet man ihn auf den lokalen Märkten, aber auch als Stärkung auf den Weingütern für die Traubenpflücker. Die Mischung aus Kartoffelnocken, Wirsing und Salsiccia ist unglaublich vollmundig und aromatisch. Die Salsicce werden je nach Region ganz unterschiedlich hergestellt – am bekanntesten sind Sorten mit Fenchel, Chili, Nelken oder Kümmel.

TOSKANISCHE Gnocchi SALSICCIA-SUPPE

4 PERSONEN

ZUTATEN

300 g frische Salsiccia
1 Zwiebel
1 rote Paprikaschote
½ Kopf Wirsing
würziges Olivenöl
800 ml Hühnerbrühe
500 g Gnocchi (Rezept siehe Seite 167)
200 g Sahne
Salz
schwarzer Pfeffer, frisch gemahlen
100 g Speck, gewürfelt
100 g Parmesan, gehobelt

ZUBEREITUNG

Die Salsiccia enthäuten und in 1 cm dicke Streifen schneiden. Die Zwiebel schälen und in Würfel schneiden. Die Paprika längs halbieren, entkernen, waschen und in Würfel schneiden. Den Wirsing putzen, waschen und in Streifen schneiden.

Etwas Olivenöl in einem großen Schmor- oder Suppentopf erhitzen und die Salsiccia darin mit der Zwiebel bei mittlerer Hitze anbraten, dabei ab und zu umrühren. Die Hühnerbrühe dazugießen.

Die Paprika und den Wirsing mit den Gnocchi in die Suppe geben und alles unter Rühren 5 Minuten köcheln lassen. Dann die Sahne unterrühren und die Suppe mit Salz und Pfeffer würzen. Den Speck in einer kleinen Pfanne ohne Fett goldbraun rösten.

Zum Servieren die Suppe in Schalen oder tiefe Teller verteilen und mit Parmesan bestreuen. Den gerösteten Speck darüberstreuen. Ein ofenfrisches Weißbrot passt perfekt dazu.

PABLO
PANINI

PABLO
PANINI
ITALIAN STREET FOOD

GUT ZU WISSEN

» Dolci und Streetfood – wieso nicht? Das „dolce Streetfood-vita" beginnt in Italien meist schon in der Früh, mit einem Bombolone (Krapfen) oder Cornetto (Hörnchen) in einer Bar. Und es lässt sich den ganzen Tag über fortsetzen – dank der Unzahl an süßen Naschereien, die in den Pasticcerie und Bars in der Auslage liegen und locken. Nicht fehlen darf dazu natürlich ein starker Caffè, der morgens noch gern mit Milch verlängert sein darf, ansonsten aber stark, schwarz und heiß sein muss. «

Es war einfach Liebe auf den ersten Biss! Nahe des Künstlereingangs der Oper in Rom befindet sich eine kleine Pasticceria, an der ich nie vorbeigehen kann: Sie bietet Cannoli in verschiedensten Farben, Formen und vor allem Füllungen an. Das Rezept für meine Lieblings-Cannoli finden Sie auf Seite 141. Auf sie passt das Zitat des Starpianisten Liberace wie auf kein anderes Rezept in diesem Buch: „Zu viel des Guten ist wunderbar!"

6

Dolci & GETRÄNKE

Besonders hübsch sieht die fruchtige Panna cotta aus, wenn Sie sie in kleine Einmach- oder Weckgläser schichten. Vor allem wenn Sie Gäste haben, werden Sie damit sicher punkten.

PANNA COTTA MIT Orangengelee

4 PERSONEN

ZUTATEN

4 Blatt Gelatine
250 ml frisch gepresster Orangensaft
2 EL brauner Zucker
500 g Sahne
50 g Zucker
1 Vanilleschote

ZUBEREITUNG

Für das Gelee 1 ½ Blatt Gelatine in kaltem Wasser 10 Minuten einweichen. Währenddessen den Orangensaft mit dem Zucker in einem Topf so lange erhitzen, bis sich der Zucker vollständig aufgelöst hat und der Saft kurz vor dem Kochen ist. Den Topf vom Herd nehmen.

Die eingeweichte Gelatine gut ausdrücken und so lange in den heißen Saft rühren, bis sie vollständig aufgelöst ist. Den Saft auf 4 kleine Gläser verteilen und 2 Stunden kühl stellen.

Für die Panna cotta die Sahne mit dem Zucker in einen Topf geben. Die Vanilleschote längs aufschneiden, das Mark herauskratzen und mit der Schote zur Sahne dazugeben. Alles aufkochen und unter Rühren 15 Minuten köcheln lassen, die Vanilleschote wieder entfernen.

Die übrige Gelatine ebenfalls in kaltem Wasser 10 Minuten einweichen. Anschließend gut ausdrücken und in der heißen Sahne unter Rühren auflösen. Die Panna-Cotta-Mischung etwa 10 Minuten abkühlen lassen, dann vorsichtig auf die vorbereiteten Gelee-Gläschen geben. Bis zum Servieren nochmals 3 Stunden im Kühlschrank fest werden lassen.

ORANGEN *Mandel* KUCHEN

Ein Traum von Kuchen, der die Sonne Siziliens einfängt: Denn sowohl die Mandeln als auch die Orangen sind typische Gewächse der sonnenverwöhnten Insel im Süden Italiens.

1 KUCHEN

ZUTATEN

2 große Bio-Orangen (à ca. 350 g)
250 g gemahlene Mandeln
5 Eier
250 g Zucker
Salz
2 EL Weizenmehl (Type 405)
1 TL Backpulver
1 EL Puderzucker, nach Belieben
Schale oder Scheiben von 1 Bio-Orange, nach Belieben

ZUBEREITUNG

Die Orangen heiß waschen, im Ganzen in einen Topf mit reichlich Wasser aufkochen und zugedeckt etwa 45 Minuten köcheln lassen. Inzwischen die Mandeln in einer beschichteten Pfanne ohne Fett anrösten. Herausnehmen und abkühlen lassen.

Die Orangen abgießen und abkühlen lassen. Dann mit der Schale in Stücke schneiden, dabei die Kerne entfernen. Die Orangenstücke in einem hohen Rührbecher mit dem Stabmixer oder im Küchenmixer pürieren.

Den Backofen auf 160 °C (Ober-/Unterhitze) vorheizen. Eine Springform (26 cm Durchmesser) mit Backpapier auslegen. Die Eier mit dem Zucker schaumig schlagen und 1 Prise Salz, Orangenpüree, Mandeln, Mehl und Backpulver unterheben.

Den Teig in die Form füllen und im Backofen auf der mittleren Schiene etwa 1 Stunde backen. Herausnehmen und etwas abkühlen lassen, dann aus der Form lösen und vollständig abkühlen lassen.

Nach Belieben den Kuchen zum Servieren mit Puderzucker bestäuben und mit unbehandelter Orangenschale und -scheiben garnieren.

Ich möchte Ihnen einen Tipp geben: Genießen Sie die Amarettini mit einer Tasse Caffé Corretto. Sie wissen nicht, was das ist: Nun, wörtlich übersetzt bedeutet Caffé Corretto „korrigierter Espresso". Aha ...? Klingt interessant, aber was bedeutet es? Ganz einfach: Die „Korrektur" besteht darin, den Espresso mit einem Schuss Hochprozentigem zu veredeln. In Italien wird Grappa, Sambuca, Brandy oder eben – passend zu den Amarettini – Amaretto verwendet. Das wird frische Krafte in Ihnen freisetzen, aber übertreiben Sie nicht.

SELBST GEMACHTE MANDEL *Amarettini*

48 STÜCK

Amore geht durch den Magen – auf jeden Fall, wenn Amarettini mit im Spiel sind. Ich liebe diese kleinen „Dinger". Es gibt nur einen Punkt, den ich an den Amarettini nicht passend finde – das ist ihr Name, genau genommen ein Buchstabe darin: Tauschen Sie das zweite „a" gegen ein „o" aus und der Name passt – wie gesagt, ich liebe meine „Amorettini". Überzeugen auch Sie sich von diesem Genuss in höchster Vollendung!

ZUTATEN

450 g Puderzucker
450 g gemahlene geschälte Mandeln (Mandelmehl)
4 Eiweiß
1 Fläschchen Bittermandelaroma
Puderzucker zum Garnieren
Seidenpapier

ZUBEREITUNG

Am Vortag zwei Backbleche mit Backpapier auslegen. Den Puderzucker in eine Rührschüssel sieben. Mandeln, Eiweiße und Mandelaroma hinzufügen und alles mit den Schneebesen des Handrührgeräts etwa 4 Minuten kräftig aufschlagen.

Aus der Masse mit angefeuchteten Händen etwa 48 walnussgroße Kugeln formen und nebeneinander auf die Bleche setzen. Die runde Oberfläche der Kugeln mit drei Fingerkuppen jeweils leicht eindrücken und die Kekse über Nacht bei Zimmertemperatur ruhen lassen.

Am nächsten Tag den Backofen auf 175 °C (Umluft) vorheizen. Die Amarettini im Backofen etwa 20 Minuten backen. Aus dem Ofen nehmen und auf den Blechen abkühlen lassen, dann mit Puderzucker bestäuben. Einzeln in Seidenpapier verpackt, halten sie sich mehrere Wochen.

Hier eine Schokoladenvariante der klassischen Cantuccini: mit Kakaoteig, Gewürzen und Pistazien. Denn auch die klassische italienische Küche entwickelt sich, und gerade bei den Cantuccini lässt sich ganz leicht mit Teigaroma und -farbe sowie eingebackenen Nusssorten spielen. Diese Cantuccini sind wunderbar haltbar, luftdicht in einer Dose verpackt, können Sie sie bis zu 8 Wochen aufbewahren.

CANTUCCINI CIOCCOLATO Pistaccio

60 STÜCK

ZUTATEN

300 g Weizenmehl (Type 405) und etwas zum Arbeiten
75 g Kakaopulver
1 TL Backpulver
Salz
3 Eier
250 g brauner Zucker
60 g kalte Butter
½ TL gemahlener Kardamom
Mark von 1 Vanilleschote
230 g Schokoladentröpfchen
100 g Pistazienkerne

ZUBEREITUNG

Den Backofen auf 180 °C (Ober-/Unterhitze) vorheizen. Ein Backblech mit Backpapier auslegen.

Mehl, Kakao, Backpulver und 1 Prise Salz in eine große Schüssel geben und mischen. Die Eier so lange unterrühren, bis ein krümeliger Teig entstanden ist.

In einer kleinen Schüssel braunen Zucker, Butter, Kardamom und Vanillemark mischen und zum Teig geben. Alles so lange verkneten, bis ein weicher, fast klebriger Teig entstanden ist. Dann die Schokoladentröpfchen und Pistazien unter den Teig kneten.

Den Teig halbieren und jede Hälfte mit wenig Mehl zu einer Rolle (etwa 5 cm Durchmesser) formen, etwas flach drücken und auf das Backblech legen. Der Teig wird noch etwas aufgehen, daher einen Abstand zwischen den beiden Rollen lassen.

Die Rollen im Backofen etwa 25 Minuten backen, dann im abgeschalteten Ofen noch etwa 10 Minuten ziehen lassen. Anschließend herausnehmen und abkühlen lassen. Den Ofen wieder auf 180 °C aufheizen.

Die Teigrollen mit einem scharfen Messer quer in etwa 1 cm dicke Scheiben schneiden. Diese nebeneinander auf dem Backblech verteilen und im Ofen noch 15 Minuten backen. Herausnehmen und abkühlen lassen.

PFIRSICH Ricotta CANNOLI

20 STÜCK

ZUTATEN

100 g Butter und etwas zum Fetten der Formen
250 g Weizenmehl (Type 405) und etwas zum Arbeiten
40 g Zucker
50 ml Marsala
1 Ei
¼ TL Zimtpulver
Salz
Cannoli-Formen
1 Eigelb zum Bestreichen
reichlich Öl zum Ausbacken

Für die Creme

250 g Sahne
250 g Ricotta
abgeriebene Schale von 1 unbehandelten Zitrone
Saft von ½ Zitrone
Mark von 1 Vanilleschote
3 EL Zucker
3 Pfirsiche
1 Handvoll Mandelblättchen, geröstet
Puderzucker

ZUBEREITUNG

Für die Cannoli die Butter zerlassen und mit Mehl, Zucker, Marsala, Ei, Zimt und 1 Prise Salz in der Küchenmaschine zu einem geschmeidigen Teig verkneten. In Frischhaltefolie wickeln und 1 Stunde kühl stellen.

Dann Teig halbieren und jede Hälfte mit wenig Mehl ausrollen. Die Dicke des Teiges sollte nicht mehr als 3–4 mm betragen. Die Teigplatten in etwa 10 cm große Quadrate schneiden.

Die Cannoli-Formen leicht mit Butter einfetten und die Quadrate rautenförmig um die Formen wickeln. Die überlappenden Teigenden mit etwas verquirltem Eigelb bestreichen und festdrücken.

Das Öl in einem großen Topf oder Wok auf 180 °C erhitzen und die Cannoli darin nach und nach 2–3 Minuten goldbraun ausbacken. Vorsichtig aus dem Öl heben und auf Küchenpapier abtropfen lassen. Die Formen herausziehen und die Cannoli abkühlen lassen.

Für die Creme die Sahne steif schlagen. Den Ricotta mit Zitronenschale und -saft, Vanillemark und Zucker verrühren.

Die Pfirsiche waschen, halbieren, entsteinen und in etwa 1 cm große Würfel schneiden. Die Hälfte der Pfirsiche unter die Ricottacreme mischen und die Sahne vorsichtig unterheben. Die Creme mit einem Spritzbeutel mit Lochtülle in die Teigrollen spritzen. Die offenen Enden mit den übrigen Pfirsichen und Mandelblättchen garnieren und Puderzucker über die Cannoli streuen.

Dieses wunderbare Dessert schmeckt am besten frisch, es sollte nicht länger als 1 Tag aufbewahrt werden. Die gebackenen Teigrollen lassen sich luftdicht mehrere Wochen, die Creme gekühlt 3 Tage aufbewahren.

» Typischer könnte eine italienische Süßspeise nicht sein. Fettig, süß, kalorienreich und unglaublich lecker! Traditionell gab es die Bomboloni nur zur Karnevalszeit – doch immer öfter bekommt man sie nun auch unter dem Jahr an den kleinen Straßenständen und in den verschiedensten Varianten. Gefüllt mit Schoko- oder Zitronencreme, Konfitüren, Pudding und Kompotts ... oder einfach nur in Zucker gewälzt. «

GEFÜLLTE MINI-KRAPFEN Bomboloni

20–25 STÜCK

ZUTATEN

275 g Weizenmehl (Type 405) und etwas zum Arbeiten
½ Würfel Hefe (21 g)
125 ml lauwarme Milch
3 Eigelb
50 g zerlassenen Butter
1 EL Vanillezucker
½ TL abgeriebene unbehandelte Zitronenschale
Salz
100 g Zucker zum Wälzen
750 ml Fett zum Frittieren

ZUBEREITUNG

Für den Teig das Mehl in eine Schüssel geben, eine Vertiefung in die Mitte drücken und die Hefe hineinkrümeln. Die lauwarme Milch über die Hefe gießen und verrühren. Den Teig zugedeckt an einem warmen Ort 15 Minuten gehen lassen. Nach dieser Zeit sollten sich die ersten Blasen an der Oberfläche des Teiges zeigen.

Den angesetzten Teig mit dem Knethaken des Handrührgeräts langsam verkneten. Nach und nach die Eigelbe, Butter, Vanillezucker, Zitronenschale und etwas Salz hinzufügen und alles gut einarbeiten. Den Teig zugedeckt an einem warmen Ort 1 Stunde gehen lassen, bis er auf die doppelte Größe aufgegangen ist.

Den Teig auf wenig Mehl setzen und vorsichtig ein wenig Luft herausdrücken. Mit einem Esslöffel kleine Portionen vom Teig abstechen und mit bemehlten Händen zu kleinen Bällchen (5 cm Durchmesser) formen.

Die Teigbällchen nebeneinaner auf ein bemehltes Backblech setzen und zugedeckt 15 Minuten ruhen lassen. Inzwischen den Zucker in eine kleine Schüssel geben, das Fett in einem hohen Topf auf 180 °C erhitzen. Um zu erkennen, ob das Fett heiß genug ist, einen Holzkochlöffelstiel vorsichtig hineinhalten. Das Fett ist heiß genug, wenn sich sofort kleine Bläschen daran bilden.

Die Teigkugeln nach und nach vorsichtig in das Fett geben und darin jeweils etwa 2 Minuten goldbraun frittieren. Dabei für eine gleichmäßige Bräunung leicht mit einem Kochlöffel im Fett drehen. Die Bomboli vorsichtig herausnehmen und auf Küchenpapier kurz abtropfen lassen. Noch heiß im Zucker wälzen und am besten noch lauwarm servieren. Zum Füllen vollständig abkühlen lassen.

Der Zitronenlikör bildet vor allem in Süditalien als Digestif bei fast jedem köstlichen Menü den Abschluss. Am besten schmeckt er eisgekühlt, direkt aus dem Eisfach. Aber auch als Aperitif z. B. mit Wein oder Prosecco wird er in den Trattorien angeboten. Der feine Likör lässt sich aus nur wenigen Zutaten ganz einfach selbst herstellen. Sie benötigen dafür lediglich ein 2-l-Einmachglas mit Deckel zum Ansetzen.

SELBST ANGESETZTER ZITRONENLIKÖR Limoncello

1,5 LITER

ZUTATEN

12 Bio-Zitronen
1 l Alkohol (90 %; aus der Apotheke)
1 l stilles Wasser
800 g Zucker

ZUBEREITUNG

Die Zitronen heiß waschen und abtrocknen. Die Schale mit einem Spargel- oder Kartoffelschäler dünn schälen. Ein 2-l-Einmachglas (mit Deckel) mit kochendem Wasser ausspülen und trocknen, um es zu sterilisieren.

Die Zitronenschalen in das Glas geben und mit dem Alkohol aufgießen. Das Glas verschließen und 14 Tage dunkel lagern. Dabei alle 5 Tage das Glas öffnen und die Zitronen einmal gründlich umrühren.

Nach 14 Tagen den angesetzten Alkohol durch einen Kaffeefilter oder ein sauberes Mulltuch abseihen, die Schalen entfernen. Das stille Wasser mit dem Zucker einmal aufkochen, vom Herd nehmen und abkühlen lassen.

Den abkühlten Sirup mit dem gefilterten Zitronen-Alkohol-Mix mischen und in sterilisierte Glasflaschen füllen. Damit der Limoncello seinen typisch runden Geschmack bekommt, die Flaschen nochmals 14 Tage ruhen lassen. Nach dieser Zeit den selbst gemachten Limoncello eisgekühlt genießen.

Übrigens: Das Wichtigste beim Ansetzen von Limoncello sind natürlich die Zitronen, aber auch die richtige Auswahl des Alkohols. Ich empfehle den hochprozentigen Alkohol aus der Apotheke, da dieser komplett geschmacksneutral ist und so das Aroma der Zitronen am besten zur Geltung kommen lässt. Die Zitronen für den Limoncello sollten, wenn möglich, von der Amalfiküste stammen. Natürlich können Sie aber auch andere, gut gereifte und unbehandelte Zitronen verwenden.

Dass der selbst gemachte Zitronenlikör nicht so glasklar wie vielleicht der gekaufte Limoncello ist, liegt am Louche-Effekt. Durch das Vermischen des Alkohols mit den ätherischen Ölen in der Zitronenschale trübt sich der Limoncello ein – das Markenzeichen für hausgemachten Limoncello.

LIMONCELLO Spritz MIT BASILIKUM

4 PERSONEN

» Die bekannten italienischen Aperitifs sind zweifelsohne überaus beliebt. Dennoch: Überraschen Sie doch einmal Ihre Gäste und bieten einen Willkommenstrunk an, der weniger bekannt ist – einen Limoncello-Spritz. Sie werden begeistert sein! Limoncello ist nämlich viel zu schade, um ihn nur ab und zu als Digestif zu genießen. Der Basilikumsirup passt perfekt zum Zitronenaroma – einfach erfrischend! «

ZUTATEN

1 Bund Basilikum, Blätter abgezupft

Saft von 2 Zitronen

300 g Zucker

Zum Servieren

1 gut gekühlte Flasche Prosecco

250 ml Limoncello (Rezept siehe linke Seite)

4 Basilikumblätter

4 Bio-Zitronenscheiben

einige Eiswürfel

ZUBEREITUNG

Am Vortag für den Sirup die Basilikumblätter waschen und trocken tupfen. Den Zitronensaft mit 300 ml Wasser und dem Zucker in einem kleinen Topf kurz aufkochen. Vom Herd nehmen und die Basilikumblätter in den Sirup rühren. Alles über Nacht im Kühlschrank durchziehen lassen, anschließend die gekochten Basilikumblätter entfernen.

Zum Servieren die Gläser mit 150 ml Basilikumsirup, Prosecco und Limoncello aufgießen und je 1 Basilikumblatt, 1 Zitronenscheibe und einige Eiswürfel ins Glas geben. Sollte es ein richtig heißer Sommertag sein, die Gläser am besten vorher im Tiefkühlschrank vorkühlen. Den restlichen Basilikumsirup können Sie gut gekühlt 5 Tage aufbewahren.

TIPP

Prosecco kann man in unterschiedlichen Varianten antreffen. Es gibt den Perlwein Prosecco Frizzante und den Schaumwein Prosecco Spumante, der mehr Kohlensäure enthält. Prosecco ist eine geschützte Herkunftsbezeichnung, er stammt immer aus dem italienischen Venetien und wird aus der weißen Rebsorte Glera hergestellt. Dabei ist er in sehr unterschiedlicher Qualität erhältlich. Sehr günstigem Prosecco ist die Kohlensäure oft künstlich zugesetzt, er wird daher nach dem Öffnen sehr schnell schal. Hochwertiger Prosecco durchläuft dagegen eine zweite Gärung. So entsteht ein ausgewogener Geschmack und eine feine, langanhaltende Mousseux, das Perlen des Schaumweins.

Für diese Limonade stellt man zuerst einen Ingwer-Rosmarin-Sirup her, der lediglich 2 Stunden ziehen muss. Zum Servieren wird der Sirup dann nur noch mit Wasser aufgegossen – super erfrischend! Ideal auch zum Mixen mit Prosecco!

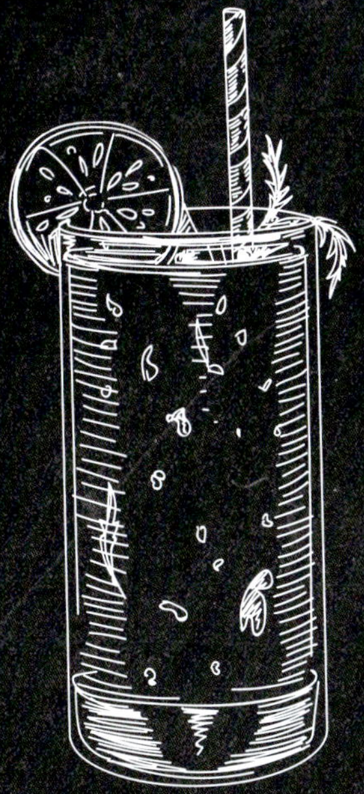

ROSMARIN Zitronen LIMONADE

6 LITER

ZUTATEN

200 g Ingwer
8 Zweige Rosmarin
400 ml stilles Wasser
Saft von 6 Zitronen
300 g brauner Zucker

Zum Servieren

eisgekühltes Sprudelwasser
4 Zweige Rosmarin
4 Stück Ingwer
Eiswürfel

ZUBEREITUNG

Den Ingwer schälen und möglichst klein hacken. Den Rosmarin waschen, trocken tupfen, die Nadeln abzupfen und möglichst klein hacken.

Das stille Wasser mit dem Zitronensaft aufkochen, den Zucker dazugeben und alles so lange unter Rühren erhitzen, bis sich der Zucker vollständig aufgelöst hat. Ingwer und Rosmarin hinzufügen und noch 5 Minuten mitköcheln lassen. Den eingekochten Sirup in einer Schüssel zugedeckt 2 Stunden ziehen lassen.

Den abgekühlten Sirup durch ein feines Sieb wieder in den Topf schütten und nochmals kurz aufkochen. Das erneute Aufkochen macht den Sirup mehrere Wochen haltbar. (Falls Sie den Sirup in den folgenden 7 Tagen verbrauchen, kann dieser Schritt auch entfallen.) Den Sirup kurz abkühlen lassen und in eine kleine sterilisierte Flasche füllen.

Zum Servieren den gekühlten Sirup im Verhältnis 1:10 mit eiskaltem Sprudelwasser aufgießen und pro Glas mit 1 Rosmarinzweig, 1 Stück Ingwer und einigen Eiswürfeln servieren.

CAFÉ CREMA
ESPRESSO
CAPPUCCINO
MILCHKAFFEE
LATTE MACCHIATO
KAKAO
KUSMI TEE
FRISCHEMINZ-TEE
HEISSER INGWER/ZITRONE

PABLO
PANINI
PABLO
PANINI

PABLO
PANINI
ITALIAN STREET FOOD

» Selbst und frisch gemacht ist Trumpf! Dieses Motto halte ich bei meinen Gerichten ganz hoch. Und wenn Sie Zeit und Lust haben, können Sie eines der Basisrezepte auf den nächsten Seiten auch zu Hause nachkochen. «

GUT ZU WISSEN

Los geht's mit Pesto-Varianten, die nicht nur als Pastasoße dienen, sondern auch im Salatdressing glänzen. Außerdem mein Lieblings-Chutney und ein besonderer Senf. Und schließlich das Geheimrezept für meine selbst gemachte Crema Balsamico, sie rundet nicht nur Salatvinaigrettes ab, sondern ein paar Spritzer davon geben auch Panini, Focaccia & Co. den letzten Schliff.

Wer Focaccia und Brot selbst backen möchte, findet hier ein paar bewährte Rezepte. Daraus lassen sich köstliche Panini und Bruschette herstellen. Oder Sie genießen das frisch gebackene Brot einfach zu Antipasti, Prosciutto und Salami.

» Zuletzt stelle ich Ihnen meine Hausrezepte für Pasta und Gnocchi vor. Beide lassen sich auch zu Hause einfach herstellen. Wer will, bereitet sie im Voraus zu und friert sie dann einfach ein. So hat man bei Bedarf immer einen Vorrat an frischer Pasta und Gnocchi „fatti a casa" in der Tiefkühltruhe! «

GRUND 7 Rezepte

SÜDITALIENISCHES OLIVEN Pesto

650 ML

Der Geschmack dieses Pestos steht und fällt mit der Qualität und dem Geschmack der Oliven. Ich verwende meist schwarze, würzige Oliven, die bereits entsteint sind. Auch dieses Pesto ist, wenn es mit Olivenöl bedeckt ist, im Kühlschrank gut haltbar. Wer das Pesto vegetarisch bzw. vegan zubereiten möchte, lässt einfach die Sardellenfilets weg – in diesem Fall das Pesto aber stärker salzen.

ZUTATEN

- 450 g schwarze Oliven ohne Stein
- 3 EL Kapern
- 1 EL Thymian, gehackt
- 2 Knoblauchzehen, gehackt
- 2 Sardellenfilets (in Öl eingelegt)
- 1 EL Dijon-Senf
- 1 EL Zitronensaft
- 70 ml würziges Olivenöl

ZUBEREITUNG

Einfacher geht's nicht: Alle Zutaten in einen hohen Rührbecher geben und mit dem Stabmixer zu einer homogenen Masse pürieren. Das Pesto in kleine sterilisierte Gläser füllen und im Kühlschrank aufbewahren.

Pistazien Thymian Pesto

450 ML

Das Pesto ist optisch und geschmacklich ein Knaller: Leuchtend grün passt es super zu allen Sorten von Nudeln, aber auch als Salatdressing für bunte Blattsalate.

ZUTATEN

1 Knoblauchzehe

125 g geröstete, gesalzene Pistazienkerne

100 g Parmesan, gerieben (alternativ Pecorino)

2 EL Rosmarinnadeln, gehackt

2 EL Zitronenthymian, gehackt

3 TL Zitronensaft

Salz

schwarzer Pfeffer, frisch gemahlen

100 ml würziges Olivenöl

ZUBEREITUNG

Die Knoblauchzehe schälen und mit den Pistazien in einer Küchenmaschine hacken, bis eine homogene Masse entstanden ist.

Den Parmesan, die gehackten Kräuter, Zitronensaft, je 1 Prise Salz und Pfeffer hinzufügen und das Olivenöl unter Rühren langsam einfließen lassen, bis die gewünschte Konsistenz erreicht ist.

Das Pesto kann, mit Olivenöl bedeckt, in einem verschlossenen Glas bis zu 1 Woche im Kühlschrank aufbewahrt werden.

1

Das signalgrüne Pesto steht im Nu auf dem Tisch und leuchtet herrlich grün zwischen Pasta und Parmesan hervor.

2

Hier stelle ich Ihnen ein Pesto mit ganz besonderer Aromakombi vor: Minze, Petersilie, Walnüsse und Kapern ... ideal für besondere Anlässe.

1 ERBSEN Pesto
450 ML

ZUTATEN

200 g Erbsen (frisch gepult oder TK)
Salz
½ Bund Basilikum
1 Knoblauchzehe
50 g Pinienkerne
50 g Parmesan, gehobelt
Saft von ½ Zitrone
5 EL würziges Olivenöl
schwarzer Pfeffer, frisch gemahlen

ZUBEREITUNG

Frische Erbsen nach dem Pulen in kochendem Salzwasser etwa 5 Minuten blanchieren, in ein Sieb abgießen und kalt abschrecken. (Alternativ TK-Erbsen verwenden, die geschmacklich aber nicht so aromatisch sind und süß sein werden.)

Das Basilikum waschen, trocken tupfen, die Blätter abzupfen und grob hacken. Die Knoblauchzehe schälen und grob hacken.

Die Erbsen mit Pinienkernen, Basilikumblättern, Knoblauch, Parmesan, Zitronensaft und Olivenöl im Mixer oder in einem hohen Rührbecher mit dem Stabmixer fein pürieren.

Das Pesto mit Salz und Pfeffer abschmecken und am besten sofort servieren. Dieses frische Pesto ist nur bedingt haltbar, gekühlt und mit Olivenöl bedeckt, hält es sich bis zu 5 Tage (im Foto oben).

2 MINZ WALNUSS Pesto
450 ML

ZUTATEN

je 1 Bund Minze und Petersilie
1 Knoblauchzehe
100 g Walnusskerne
200 ml würziges Olivenöl
2 EL Kapern
80 g Parmesan, gerieben
5 EL Zitronensaft
Salz
schwarzer Pfeffer, frisch gemahlen
Zucker

ZUBEREITUNG

Minze und Petersilie waschen, trocken tupfen und die Blätter abzupfen. Den Knoblauch schälen und grob hacken. Die Walnusskerne in einer Pfanne ohne Fett anrösten. Herausnehmen und kurz abkühlen lassen.

Die Walnüsse im Mixer fein mahlen. Olivenöl, Petersilie, Minze, Kapern, Parmesan, Zitronensaft und Knoblauch dazugeben und alles fein pürieren. Mit Salz, Pfeffer und etwas Zucker abschmecken.

Dieses aromatische Pesto ist sehr ergiebig, pro Portion Pasta reichen beispielsweise 2–3 EL. Wer das Pesto auf Vorrat machen möchte, sollte es am besten im Kühlschrank aufbewahren und dabei vollständig mit Olivenöl bedecken (im Foto unten).

1
Die Paste ist zugleich Pesto und Käseaufstrich – einfach ein Alleskönner. Egal, ob zu Nudeln, auf gegrilltem Brot, einem Panini oder als Dip mit Grissini oder Kartoffeln – sie schmeckt einfach immer hervorragend.

2
Das Chutney ist ein echtes Allroundtalent: Es passt auf frisches Brot – ein Traum mit Ziegenkäse oder Prosciutto –, zu Bruschetta und Pasta.

1 GEMÜSE KÄSE Paste

500 G

ZUTATEN

- 1 rote Paprikaschote
- ½ Aubergine
- 1 Knoblauchzehe
- ½ Chilischote
- 1 Handvoll Austernpilze
- 3 EL würziges Olivenöl
- 100 g Ricotta
- 50 g Mayonnaise
- 3 EL weißer Balsamicoessig
- 1 EL Zucker
- Salz
- 200 g Schafskäse (alternativ Büffelkäse oder milder Feta)

ZUBEREITUNG

Die Paprika längs halbieren, entkernen und waschen. Die Aubergine putzen und waschen. Beides in kleine Würfel schneiden. Den Knoblauch schälen und fein hacken. Die Chili halbieren, entkernen, waschen und fein hacken. Die Pilze putzen und trocken abreiben.

Das Olivenöl in einer Pfanne erhitzen und Gemüse und Pilze darin 5–7 Minuten weich braten. Alle Zutaten, bis auf den Schafskäse, in eine Küchenmaschine oder einen Mixer geben und so lange pürieren, bis eine homogene Paste entstanden ist. Den Käse mit den Händen zerbröckeln, dazugeben und alles nochmals kurz durchmixen (im Foto oben).

2 ZWIEBEL Chutney

500 ML

ZUTATEN

- 500 g rote Zwiebeln
- 1 Knoblauchzehe
- 4 Zweige Thymian
- 2 EL würziges Olivenöl
- Salz
- schwarzer Pfeffer, frisch gemahlen
- 80 ml roter Balsamicoessig
- 2 TL brauner Zucker

ZUBEREITUNG

Die Zwiebeln schälen und in möglichst feine Streifen schneiden oder hobeln. Den Knoblauch schälen und fein hacken. Thymian waschen und trocken tupfen. Das Olivenöl in einem großen Topf erhitzen und die Zwiebeln mit Knoblauch, Thymian, etwas Salz und Pfeffer darin etwa 30 Minuten dünsten, dabei ab und zu umrühren.

Essig und Zucker hinzufügen und alles bei niedriger Hitze noch 30 Minuten köcheln lassen. Dann sofort servieren. Falls Sie das Chutney auf Vorrat machen, in sterilisierte Gläser füllen und im Kühlschrank aufbewahren, so hält es sich etwa 3 Wochen (im Foto unten).

1

Der fruchtige Senf passt hervorragend zu Käse und auch zu Fleisch – wie zum Beispiel zu Lamm, Hähnchen, Rind oder Wild. Der Zucker hebt die einzelnen Aromen der Zutaten besonders hervor.

1 FEIGEN Senf

650 ML

ZUTATEN

750 g Feigen
200 g Gelierzucker
5 TL Thymianblättchen
Salz
schwarzer Pfeffer, frisch gemahlen
4 EL Crema Balsamico (siehe Rezept unten)

ZUBEREITUNG

Die Feigen waschen, trocken tupfen und je nach Größe vierteln oder achteln. 3 Einmach- oder Marmeladengläser (à ca. 250 ml Inhalt) mit kochendem Wasser ausspülen (Deckel nicht vergessen) und trocknen.

In einem großen Topf die Feigen mit Gelierzucker, Thymian, 1 Prise Salz und Pfeffer aufkochen lassen. Anschließend etwa 35 Minuten leicht köcheln lassen, bis die Feigen anfangen einzudicken. Dann die Crema Balsamico hinzufügen.

Den heißen Feigensenf in die vorbereiteten Gläser füllen, die Gläser verschließen und 5 Minuten auf den Kopf stellen. So hält sich der Feigensenf bis zu 2 Monate (siehe Fotos).

2 CREMA Balsamico

400 ML

ZUTATEN

300 ml Balsamicoessig
300 ml frisch gepresster Orangensaft
3 Zweige Rosmarin
3 Scheiben Ingwer
2 EL Honig

ZUBEREITUNG

Alle Zutaten in einen großen Topf geben und offen bei mittlerer Hitze auf ein Drittel einkochen lassen, dabei ab und zu umrühren. Das dauert 25–35 Minuten.

Die Reduktion vom Herd nehmen, Rosmarin und Ingwer entfernen. Anschließend in eine mit kochendem Wasser ausgespülte Glasflasche oder ein Einmachglas geben, so hält sich die Crema über Wochen.

» Eine hausgemachte Balsamico-Reduktion rundet nicht nur optisch, sondern vor allem geschmacklich eine Vielzahl von Gerichten ab. Mein Rezept ist aufgrund des miteingekochten Orangensafts um ein Vielfaches runder und tiefer im Geschmack als einfache Crema Balsamico, die nur mit Zucker eingekocht wird. «

OLIVEN KRÄUTER Focaccia

1 FLADEN

Die Focaccia schmeckt am besten ofenfrisch, gibt aber auch nach Tagen, noch kurz gegrillt oder getoastet, ihr volles Aroma wieder.

ZUTATEN

10 g frische Hefe
Zucker
400 g Weizenmehl (Type 405)
5 TL Meersalz
100 ml würziges Olivenöl und etwas für das Blech
5 EL schwarze Oliven
3 Zweige Thymian
3 Stängel Salbei
2 Zweige Rosmarin
Hartweizengrieß für das Blech

ZUBEREITUNG

Die Hefe und mit 1 Prise Zucker in etwa 200 ml lauwarmem Wasser auflösen. In einer großen Schüssel das Mehl mit 2 TL Meersalz mischen und die Hefemischung mit 2 EL Olivenöl dazugeben. Alles gründlich verkneten, bis der Teig weich und geschmeidig ist. Der Teig sollte sich gut von den Händen und der Schüssel lösen, ggf. noch mehr Wasser oder Mehl hinzugeben. Den Teig zu einer Kugel formen und zugedeckt an einem warmen Ort 2 Stunden gehen lassen.

Das Backblech mit etwas Olivenöl einfetten und mit Hartweizengrieß bestreuen. Den Teig direkt auf dem vorbereiteten Backblech zu einem Fladen ausrollen und zugedeckt nochmals 30 Minuten gehen lassen.

Den Ofen auf 220 °C (Ober-/Unterhitze) vorheizen. Inzwischen die Oliven in den Teig drücken. Die Kräuter waschen, trocken tupfen, die Blätter bzw. Nadeln abzupfen und grob hacken.

Den Fladen mit den Kräutern bestreuen und mit dem restlichen Olivenöl beträufeln, mit dem übrigen Meersalz bestreuen. Die Focaccia im Ofen auf der mittleren Schiene 20 Minuten leicht braun backen. Herausnehmen und vor dem Servieren kurz abkühlen lassen.

TRAUBEN ROSMARIN Focaccia

1 FLADEN

Die süße Focaccia mit Trauben wird traditionell während der Weinlese gebacken und auf den Märkten rund um die Weinanbaugebiete an jeder Straßenecke angeboten. Sie passt hervorragend zu einem kühlen Glas Weißwein. Sollte etwas überbleiben, kann sie am nächsten Tag kurz in einer Pfanne erhitzt werden.

ZUTATEN

½ Würfel Hefe (21 g)
6 TL weißer Zucker
250 g Weizenmehl (Type 405) und etwas zum Arbeiten
6 EL würziges Olivenöl
½ TL Salz
2 Zweige Rosmarin
300 g rote Weintrauben
2 TL brauner Zucker

ZUBEREITUNG

In einer Schüssel die Hefe mit dem weißem Zucker und 150 ml lauwarmem Wasser so lange verrühren, bis sich alles aufgelöst hat. Dann das Mehl mit den Händen oder einem Handrührgerät einarbeiten.

4 EL Olivenöl und Salz dazugeben und alles zu einem glatten Teig verkneten. Den Teig auf wenig Mehl gut durchkneten, zu einer Kugel formen und zugedeckt an einem warmen Ort 40 Minuten gehen lassen.

Den Backofen auf 220 °C (Ober-/Unterhitze) vorheizen. Den Rosmarin waschen, trocken tupfen und die Nadeln abzupfen. Die Trauben waschen und trocken tupfen.

Den Teig auf wenig Mehl zu einem länglichen, flachen Fladen formen und auf ein mit Backpapier belegtes Backblech legen. Die Trauben so weit in den Foccaciateig drücken, bis sie fast versunken sind. Mit Rosmarinnadeln bestreuen und mit dem restlichen Olivenöl beträufeln, zuletzt mit dem braunen Zucker bestreuen.

Die Focaccia im Ofen auf der mittleren Schiene 25–30 Minuten backen, bis sie goldbraun und leicht knusprig ist. Herausnehmen und vor dem Servieren kurz abkühlen lassen. Die Focaccia schmeckt frisch aus dem Ofen am besten.

ROSMARIN FLADEN brot

1 FLADEN

Dieses Fladenbrot ist ein Allroundtalent! Frisch ein Traum, nochmals im Grill oder in der Pfanne aufgebacken aber fast noch besser. Der ideale Begleiter zu einem herrlich aromatischen Tomatensalat oder auch zu gegrilltem Fleisch. Die Herstellung ist – wie so oft in der italienischen Küche – unkompliziert und meist hat man die Zutaten sogar daheim.

ZUTATEN

8 Zweige Rosmarin
½ Würfel Hefe (21 g)
225 g Weizenmehl (Type 405) und etwas zum Arbeiten
Meersalz
8 EL würziges Olivenöl

ZUBEREITUNG

Den Rosmarin waschen, trocken tupfen, die Nadeln abzupfen und fein hacken. Die Hefe in 150 ml lauwarmem Wasser unter Rühren auflösen.

In einer Schüssel das Mehl mit der Hefemischung, 1½ TL Salz, 2 EL Olivenöl und der Hälfte des Rosmarins mit den Händen oder den Knethaken des Handrührgeräts zu einem glatten Teig verkneten. Falls der Teig zu klebrig oder feucht ist, etwas mehr Mehl dazugeben. Den Teig zugedeckt an einem warmen Ort etwa 30 Minuten gehen lassen.

Danach den Teig in der Schüssel nochmals kurz durchkneten und auf wenig Mehl rechteckig (etwa 30 x 20 cm) ausrollen. Ein Backblech mit Backpapier auslegen, die Teigplatte darauflegen und mit einem Kochlöffelstiel Löcher hineindrücken. Zugedeckt 15 Minuten gehen lassen.

Den Backofen auf 200 °C (Ober-/Unterhitze) vorheizen. Den Teig mit 4 EL Olivenöl beträufeln und mit 1 TL Salz und übrigem Rosmarin bestreuen. Den Fladen im Ofen auf der mittleren Schiene 10–15 Minuten goldbraun backen. Herausnehmen und mit den übrigen 2 EL Olivenöl beträufeln, mit einem Küchentuch abdecken, damit der Fladen nicht austrocknet, und 30 Minuten abkühlen lassen.

ITALIENISCHES BAUERN brot

1 LAIB

» Nichts geht über frisch gebackenes Brot – es schmeckt einfach mit etwas Olivenöl und Salz oder mit Aufstrichen oder Pesto. Das Brot ist leicht herzustellen, jedoch muss man knapp 24 Stunden einplanen, da der Teig für ein perfektes Aroma lange gehen muss. Das Brot spiegelt damit die Mentalität in den italienischen Dörfern wieder: Nichts wird mit Zeitdruck gemacht, am Ende kommt es nur auf den Geschmack an. «

ZUTATEN

10 g Hefe
500 g Weizenmehl (Type 405) und etwas zum Arbeiten
1 TL Meersalz

ZUBEREITUNG

Am Vortag in einer Schüssel die Hefe in 350 ml lauwarmem Wasser auflösen. Das Mehl dazugeben und alles mit den Händen oder der Küchenmaschine 5 Minuten kneten. Das Salz hinzufügen und nochmals 5 Minuten durchkneten. Den Teig zu einer Kugel formen und zugedeckt etwa 20 Stunden bei Zimmertemperatur ruhen lassen.

Am nächsten Tag den Teig auf wenig Mehl etwa 5 Minuten ziehen und falten, bis er eine gute Spannung hat. Wieder zu einer Kugel formen, leicht mit Mehl bestäuben und fest in ein Küchentuch wickeln. Nochmals 2 Stunden ruhen lassen.

30 Minuten vor Ende der Ruhezeit den Backofen auf 230 °C Ober-/Unterhitze) vorheizen. Gleichzeitig die Backform vorheizen, dazu eignet sich eine 2-l-Auflaufform oder ein ofenfester Topf mit Deckel.

Den Teig in die heiße Form setzen und zuerst mit geschlossenem Deckel im Ofen auf der mittleren Schiene 20 Minuten backen. Anschließend den Deckel abnehmen und das Brot offen noch 15–20 Minuten goldbraun backen. Das Brot aus dem Ofen nehmen und vor dem Servieren kurz abkühlen lassen.

Pasta selbst machen hört sich nach viel Arbeit an, ist jedoch im Grunde ganz einfach und geht schnell. Sie können sie gleich frisch kochen oder getrocknet bis zu 4 Tage im Kühlschrank aufbewahren.

HAUSGEMACHTE Pasta

500 G

ZUTATEN

250 g Hartweizengrieß und etwas zum Arbeiten

150 g Weizenmehl (Type 405)

4 Eier

1 Prise Salz

ZUBEREITUNG

In einer großen Schüssel alle Zutaten mit den Händen zu einem glatten Teig verkneten. Den Teig zu einer Kugel formen und, in Frischhaltefolie gewickelt, etwa 1 Stunde im Kühlschrank ruhen lassen.

Den Teig je nach gewünschter Nudelsorte portionieren und mit Grieß bestäuben. Mit einer Nudelmaschine oder auf wenig Mehl mit dem Nudelholz dünn ausrollen, in beliebig breite Bandnudeln schneiden oder in andere Formen bringen. Dann auf einem mit Grieß bestäubten Backpapier etwa 30 Minuten antrocknen lassen.

Zum Servieren die Nudeln in reichlich kochendem Salzwasser je nach Form und Dicke 3–5 Minuten bissfest garen. In ein Sieb abgießen und abtropfen lassen.

Der selbst gemachte Nudelteig aus dem Rezept oben ist die perfekte Ausgangsbasis für Nudeln mit Füllung wie Ravioli oder Tortellini. Die gefüllte Pasta muss nicht trocknen, sondern kann sofort gegart werden.

GEFÜLLTE Nudeln

4 PERSONEN

ZUTATEN

200 g Ricotta

70 g Parmesan, gerieben

1 Bund Rucola, fein gehackt

8 Blätter Salbei, fein gehackt

abgeriebene Schale von ½ unbehandelten Zitrone

Salz

1 Rezept Nudelteig (siehe oben)

würziges Olivenöl

2 EL gehackte Petersilie

ZUBEREITUNG

Für die Füllung Ricotta, Parmesan, Rucola, Salbei, Zitronenschale und 1 Prise Salz in einer großen Schüssel mischen.

Den Nudelteig halbieren und beide Hälften, wie beschrieben, dünn ausrollen. Die Füllung mit einem Teelöffel in kleinen Häufchen im Abstand von etwa 5 cm auf einer Teigbahn verteilen. Die zweite Teigbahn darüberlegen, um die Füllung herum gut andrücken und mit einem scharfen Messer Ravioli ausschneiden. Die Ränder gut festdrücken und die Ravioli leicht mit Grieß bestäuben.

Reichlich Salzwasser aufkochen und die gefüllte Pasta darin 4–7 Minuten bissfest garen. In ein Sieb abgießen, abtropfen lassen und, mit etwas Olivenöl beträufelt und der Petersilie bestreut, servieren.

GNOCCHI DI patate

800 G

» Wie auch viele andere klassische italienische Gerichte sind Gnocchi sehr simpel herzustellen. Sie sind aus der Not entstanden, eine Großfamilie am Tisch satt zu bekommen, ohne Unmengen an Zutaten zu benötigen. Diese Art der Kartoffelnocken nimmt Soßen richtig schön auf und lässt die Aromen herrlich zur Geltung kommen. «

ZUTATEN

500 g Meersalz
1 kg mehligkochende Kartoffeln
1 Ei
Salz
100 g Weizenmehl (Type 405) und etwas zum Arbeiten

ZUBEREITUNG

Den Backofen auf 200 °C (Ober-/Unterhitze) vorheizen. Das Meersalz als dicke Schicht auf einem Backblech verteilen. Die Kartoffeln waschen, trocken tupfen und auf dem Salzbett verteilen. Im Backofen auf der mittleren Schiene etwa 50 Minuten garen. Die Kartoffeln herausnehmen und 10 Minuten abkühlen lassen. Dann jeweils in ein Küchentuch oder Küchenpapier wickeln und durch Reiben darin blitzschnell pellen.

Die Kartoffeln in einer großen Schüssel mit einem Kartoffelstampfer zerdrücken. Die Masse sollte keine Klumpen mehr aufweisen, aber auch nicht zu stark bearbeitet sein, da sie sonst eine schleimige Konsistenz bekommt.

Das Ei, 1 Prise Salz und 50 g Mehl zur Kartoffelmasse geben und alles grob mit den Händen mischen. Die Arbeitsfläche großzügig mit Mehl bestreuen und die Masse zu einer luftigen Teigkugel kneten.

Den Teig in 4 Portionen teilen und jede Portion zu einer Kugel formen. Jede Kugel nochmals vierteln, sodass 16 kleine Teigstücke entstehen. Jedes Teigstück zu einer Rolle mit etwa 2 cm Durchmesser formen und in 2 cm große Stücke schneiden. Die Nocken mit dem übrigen Mehl bestäuben und mit den Zinken einer Gabel auf beiden Seiten das typische Muster in die Gnocchi drücken, die Ecken mit den Fingern etwas abrunden.

In einem großen Topf reichlich Salzwasser aufkochen und die Gnocchi vorsichtig hineingeben. Sie sinken zunächst auf den Grund, sobald sie an die Oberfläche steigen (etwa nach 2 Minuten), sind sie fertig. Dann die Gnocchi mit einem Schaumlöffel herausheben und in einem Sieb kurz abtropfen lassen. Sofort mit Soße oder kurz in einer Pfanne in etwas Olivenöl oder Butter angebraten servieren.

Elisabeth-Markt Stand 7
Zucchini
Pak Choy

Pistacchio di Bronte Certificato
Capperi di Pantelleria I.G.P.~Cucunci~
Pomodori Secchi di Ispica e Pachino
Cioccolato di Modica
Latte di Mandorla
Vino alla Mandorla
Bottarga di Tonno
Acciughe sotto sale
Sale di Trapani all'Arancia e Limone
Miele e Marmellata dell'Etna
Limoncello dell'Etna
Rosolio di Pistacchio

Mangiare E MUSICA

Musik und Essen sind seit Ewigkeiten in Italien unzertrennlich. Daher ist es für mich eine Freude, Ihnen in diesem Buch eine Auswahl meiner liebsten italienischen Melodien zu präsentieren. Dass ich diese mit meinem hochgeschätzten Freund und Kollegen, Raffaele E. Quarta, umsetzen durfte, freut mich umso mehr.

Kennengelernt haben Raffaele und ich uns bei einer gemeinsamen Musik-Tournee durch Deutschland. Er war der Mann hinter der Mandoline. Schon bei der ersten Probe begeisterte er mich durch seine leidenschaftliche und virtuose Art zu spielen.

Er verstand es, den Zuhörern das Lebensgefühl Italiens ab dem ersten Akkord authentisch zu vermitteln. Als ich mit diesem Buchprojekt begann, war es für mich klar, dass ich für den musikalischen Teil unbedingt mit ihm zusammenarbeiten wollte.

Um das Projekt mit Raffaele zu besprechen, besuchte ich ihn in seiner Heimat, Sizilien.

Während wir dort in seiner Lieblings-Trattoria aßen und über das Buchprojekt plauderten, entschieden wir spontan, gleich die ersten Lieder nach dem Essen aufzunehmen. Es war großartig, denn es gelang uns, diesen besonderen Augenblick einzufangen. Dass wir allerdings alle Titel an diesem Abend einspielen, hätte zu Beginn des Abendessens keiner von uns für möglich gehalten.

Bei der Titelauswahl haben wir bekannte neapolitanische Lieder wie „Torna a Surriento" und Klassiker wie „Non ti Scordar di me" neu arrangiert.

Auch darf „La Donna e mobile", Verdis bekannteste Tenor-Arie, nicht fehlen. Kein anderes Musikstück wird so stark mit dem Lebensgefühl Italiens in Verbindung gebracht wie dieses. Als hätte es Verdi damals schon gewusst, verbot er bei den Proben zur Uraufführung allen Beteiligten, seine Melodie zu summen geschweige denn zu singen.

Keine italienische Stadt hat mich mehr beeindruckt als das legendäre Rom. Die ganze Altstadt gleicht einer romantischen Filmkulisse, die hinter jeder Hausecke eine Überraschung bereithält. Ein musikalisches Denkmal hat ihr der bekannte Tenor und Hollywoodstar aus den 60er-Jahren, Mario Lanza, mit dem Lied „Arrivederci Roma" gesetzt, welches auch eines meiner Lieblingslieder ist.

Natürlich durften auch Eigenkompositionen von Raffaele nicht fehlen. So ist seine Komposition „Piri Piri" inspiriert von einer alten sizilianischen Folksmelodie und ein Tribut an das spanische kulturelle Erbe in Süditalien. Die Melodie hat das gleiche Feuer wie die kleinen, aber scharfen Paprikaschoten namens „Piri Piri". Seine Tarantella Bona ist eine Homage an Magna Grecia, die Regionen im antiken Italien, die von griechischen Siedlern kolonisiert wurden und diese auch stark geprägt haben.

Ich hoffe, die beiliegende CD wird Ihnen so viel Freude machen, wie sie uns gemacht hat.

Pablo

1. Piri Piri
Raffaele E. Quarta

2. Roma Nun Fa La Stupida Stasera
Armando Trovajoli

3. Mazurka Delle Quattro
Raffaele E. Quarta

4. La Donna È Mobile
G.Verdi

5. Non Ti Scordar Di Me
Domenico Furnò. Ernesto De Curtis

6. Tarantella Bona
Raffaele E. Quarta

7. Parlami D'Amore Mariù
Cesare A. Bixio. Ennio Neri

8. Torna A Surriento
Ernesto De Curtis. Giambattista De Curtis

9. Sogni Viola
Raffaele E. Quarta

10. Arrivederci Roma
Renato Rascel. Pietro Garinei. Sandro Giovannini

Register

ÜBER DEN AUTOR

Pablo Macias besaß schon von klein auf das Privileg, viele Kulturen kennenlernen zu dürfen. Er ist in Chile, Mexiko und Spanien aufgewachsen. Pablo Macias gehört zu den seltenen Menschen, die mit einer Fülle unterschiedlichster Begabungen reich gesegnet sind. Und er verfügt über eine weitere besondere Eigenschaft: Wenn er sich einer Sache widmet, tut er das mit immenser Konsequenz und Leidenschaft.

Bereits als Jugendlicher – man hatte sein musikalisches Talent früh erkannt und gefördert – war er mehrfach Preisträger verschiedener nationaler Gesangswettbewerbe in Spanien. Zudem gab es noch seine gestalterische Begabung, er zeichnete von Kindheit an für sein Leben gerne. Wie es bei Macias nicht anders zu erwarten war, stürzte er sich auch in dieses Metier. Noch in Spanien begann er ein Studium zum Kunstmaler. Später führte ihn sein beruflicher Weg nach Deutschland. Obwohl er dort eine Reihe von Jahren sehr erfolgreich als Grafikdesigner und Artdirector bei verschiedenen TV-Sendern gearbeitet hatte, meldete sich seine frühere Leidenschaft eindringlich zurück: der Gesang. Er riskierte es, seinen Job an den Nagel zu hängen und sich voll und ganz dem klassischen Gesang zu widmen. Nach Abschluss seiner Ausbildung zum Opernsänger – seine Jugendstimme hatte sich zu einem strahlenden Tenor entwickelt – folgten internationale Meisterkurse und Konzerte. Bereits die ersten Engagements führten den Künstler durch ganz Japan und China. Daran schlossen sich Gastspiele und Engagements an internationalen Opernhäusern an. Zudem gab er zahlreiche Liederabende.

Gleichzeitig begann in Pablo Macias eine neue Leidenschaft aufzukeimen: Den bekennenden Genießer begeisterten bei seinen zahlreichen internationalen Auftritten vor allem die kulinarischen Eigenheiten der verschiedenen Länder. Besonders angetan hatte es ihm die facettenreiche, regional sehr abwechslungsreiche italienische Küche, die er auf seinen Reisen kennenlernen konnte.

Wenn in Pablo Macias eine Leidenschaft zu lodern beginnt, muss er ihr nachgehen – und zwar mit Haut und Haar, mit Leib und Seele. Er widmete sich immer intensiver der italienischen Kochkunst, was schließlich dazu führte, dass er in seiner Wahlheimat München einen kleinen Feinkostladen eröffnete. Nach kurzer Zeit entwickelte sich sein kleiner Laden zum Geheimtipp. 2015 eröffnete er dann ebenfalls in München sein erstes Italian-Street-Food-Restaurant. Was Pablo Macias zunächst selbst kaum wahrnahm, wurde für ihn allmählich immer deutlicher: Je leidenschaftlicher er sich der Gastronomie verschrieb, desto weniger Raum blieb für seine Gesangskarriere. Inzwischen ist es Pablo Macias gelungen, eine glückliche „Dreiecksbeziehung" zu etablieren: Er steht nach wie vor regelmäßig als Sänger auf der Bühne – wenn auch etwas weniger als früher – und genießt gleichzeitig sein Leben als Koch und Gastronom.

Wer jemals das „Pablo Panini" besucht hat, konnte sich glücklich schätzen, dass der Sänger Pablo Macias seinen Wirkungsbereich um die Welt der kulinarischen Köstlichkeiten erweitert hat. So mancher Gast hatte zudem sogar das Vergnügen, Pablo Macias in seinem Restaurant live singen zu hören. Er gibt dort in regelmäßigen Abständen Konzerte für seine Freunde und Gäste. Und wer kreative italienische Küche nicht nur im Restaurant genießen, sondern selbst auf den Tisch zaubern möchte, kann an einem seiner spannenden und gleichermaßen unterhaltsamen Kochkurse teilnehmen.

» DANKE «

Mein Dank gilt all den Straßenköchen Italiens, mit denen ich eine großartige Zeit verbracht habe und die mir auf der Suche nach der wahren italienischen Streetfood-Küche geholfen haben.

Danke auch an meine Kunden, die mich inspirieren, immer besser zu werden.

Mein besonderer Dank geht an

Nora Nennstiel, meine Frau: Danke, ohne dich wäre dieses Projekt nicht möglich gewesen!

Tuncer Erzurum, einen Freund, wie man ihn sich nur wünschen kann. Einem Macher mit großem Herz!

Holger Roost, nicht nur mein Schwager, sondern auch ein Freund, der mich in wichtigen Momenten meines Lebens unterstützt hat.

Meine Eltern: Seitdem ich mich erinnern kann, hat das Essen in unserer Familie einen großen Stellenwert gehabt. Kein Weg war zu weit und keine Zubereitung zu lange. Danke, dass ihr alles getan habt, um uns das Beste zu ermöglichen!

Noelia, meine liebe Tochter, die sich, schon mit ihren süßen 7 Jahren für die Gastronomie genauso begeistern lässt wie ihr Papa.

IMPRESSUM

Bibliografische Information der Deutschen Bibliothek.

Die Deutsche Bibliothek verzeichnet diese Publikation in der deutschen Nationalbibliografie.

Detaillierte bibliografische Daten sind im Internet über http://www.d-nb.de/ abrufbar.

EIN BUCH DER EDITION MICHAEL FISCHER

1. Auflage 2017

Gesamtherstellung: Silvia Keller
Produktmanagement: Annika Christof
Lektorat: Kathrin Gritschneder, Tegernsee

Alle Fotos von Cettina Vicenzino, Haßfurt, außer: S. 14: © windcoast/Shutterstock, © Anibal Trejo/Shutterstock; S. 15: © Dasha Petrenko/Shutterstock, © AmbientShoot/Shutterstock; S. 24: © Artens/Shutterstock, © VVDVVD/Shutterstock, © ChiccoDodiFC/Shutterstock; S. 34: © Sebastiana/Shutterstock, © O.Bellini/Shutterstock; S. 35: © Jo Chambers/Shutterstock; S. 72: © Foxys Forest Manufacture/Shutterstock; S. 74: © Yulia Grigoryeva/Shutterstock, © Natasha Breen/Shutterstock; S. 106: © beornbjörn/Shutterstock, © Natasha Breen/Shutterstock; S. 108: © Artens/Shutterstock, © Natasha Breen/Shutterstock;S. 116: © Yulia Furman/Shutterstock; S. 169: © Marcin Krzyzak/Shutterstock

Illustrationen: S. 1, S. 11, S. 92, S. 159, S. 163, S. 166, Cover: © Ola_view/Shutterstock; S. 4, S. 16, S. 23, S. 31, S. 39, S. 43, S. 45, S. 71, S. 79: © smilewithjul/Shutterstock; S. 19, S. 29, S. 41, S. 99, S. 115: © Marina Levshina/Shutterstock; S. 4, S. 12, S. 53, S. 58, S. 69, S. 72, S. 132, S. 145, S. 157: © Fafarumba/Shutterstock; S.6: © halimqd/Shutterstock; S. 147: © Natalya Levish/Shutterstock; S. 12, S. 58, S. 109, S. 120, S. 130: © HAMIDAH SAMUTHA-RANGKOON/Shutterstock; S. 111 (nur Spaghetti auf Gabel): © aniok/Shutterstock; S. 103, S. 105, S. 125, S. 152, S. 161, S. 164: © Murvin/Shutterstock; S.150: © Marchie/Shutterstock; S.170, S.171, Cover (Musiknoten): © barkarola/Shutterstock; S. 12, S. 58, S. 72, S. 85, S. 106, S. 109, S. 110, S. 111, S. 120, S. 130, S. 150: © Pia von Miller/Edition Michael Fischer

Ein besonderer Dank geht an Karl Huczala vom Elisabethmarkt Schwabing, die Bar Centrale und das Café la Vespa in München für die freundliche Erlaubnis für das Fotografieren vor Ort.

ISBN 978-3-86355-662-4

Printed in Slovakia

www.emf-verlag.de

CANZONI ITALIANE

(ITALIENISCHE LIEDER)

1
Piri Piri
Raffaele E. Quarta

2
Roma Nun Fa' La Stupida Stasera
Armando Trovajoli

3
Mazurka Delle Quattro
Raffaele E. Quarta

4
La Donna È Mobile
G.Verdi

5
Non Ti Scordar Di Me
Domenico Furnò, Ernesto De Curtis

6
Tarantella Bona
Raffaele E. Quarta

7
Parlami D'Amore Mariù
Cesare A. Bixio, Ennio Neri

8
Torna A Surriento
Ernesto De Curtis, Giambattista De Curtis

9
Sogni Viola
Raffaele E. Quarta

10
Arrivederci Roma
Renato Rascel, Pietro Garinei, Sandro Giovannini